# フィギュアスケート観戦ガイド

テレビ観戦で気になったところがすべてわかる

小塚崇彦 監修
（元フィギュアスケート選手）

## はじめに

　さまざまな大会で「勝てる」日本人のフィギュアスケート選手が登場してきたことで、国内でのフィギュアスケート人気は高まる一方です。

　それに伴って地上波のテレビでもゴールデンタイムにフィギュアスケートの大会が放送される機会も増えており、中継を目にする人は急増しています。ですが、フィギュアスケートはメジャースポーツのなかで、大変「ルールがわかりづらい」競技であることも確かです。

　予備知識なしにテレビ中継を観ていても、たくさんジャンプして回転した人のほうが高得点を得ているとか、転ばなかったほうが減点がないなどは理解できても、「サルコウ」「ルッツ」「フリップ」などのジャンプの名前がたくさん存在するのはなぜなのか。得点は誰が、どんな基準で決めているのか、お目当の選手が出ている試合と出ていない試合の差はなんなのか…など、テレビ中継では説明されない競技ルールがたくさん存在します。

　本書では、テレビ中継をきっかけにフィギュアスケートに興味を持った方が、選手たちの演技をより深く理解するための知識を1冊に詰め込みました。

　本書を手にフィギュアスケートを観戦し、「今のトリプルアクセルは美しかった！」など、ワンランク上の視点で観戦できるようになっていただければ幸いです。

企画&編集　岩井浩之

### 【監修者プロフィール】

## 小塚崇彦 Takahiko Kozuka

　1989年2月27日愛知県名古屋市でフィギュアスケート一家の長男として生まれる。

　フィギュアスケート選手だった祖父と両親の影響を受け、幼い頃よりスケートに親しみ、5歳のときに世界フィギュアスケート選手権大会を観戦したことをきっかけに、本格的に競技に取り組む。現在は、トヨタ自動車所属として、フィギュアスケートを始めとするスポーツの普及に取り組む。

　また野球、サッカー、ゴルフ、モータースポーツなどのスポーツ経験を活かし、スケートの用具開発やJOCオリンピックムーブメントアンバサダーなどさまざまな方面で活躍。今年は北海道、東北、関東、四国をはじめ全国各地で小塚アカデミー（スケート教室）を開催。

　東京2020、札幌2030招致を含めたウィンタースポーツからの盛り上げにも挑み、近年は北海道庁や札幌市と共に2030年の冬季オリンピックを札幌に招致するための活動を積極的に行っている。

◆日本オリンピック委員会（JOC）アスリート委員会オブザーバー
◆日本オリンピック委員会（JOC）オリンピック・ムーブメント・アンバサダー
◆スペシャルオリンピックス日本　ドリームサポーター
◆九州医療スポーツ専門学校　特別講師

### 【主な成績】

| | |
|---|---|
| 2005年 | ISUジュニアグランプリファイナル　優勝 |
| 2006年 | 世界ジュニアフィギュアスケート選手権大会　優勝 |
| 2008年 | ISUグランプリシリーズ　スケートアメリカ　優勝 |
| | ISUグランプリファイナル　2位 |
| 2009年 | 四大陸フィギュアスケート選手権大会　3位 |
| 2010年 | バンクーバー五輪　8位 |
| | ISUグランプリシリーズ　中国杯　優勝 |
| | ISUグランプリシリーズ　エリック・ボンパール杯　優勝 |
| | ISUグランプリファイナル　3位 |
| | 全日本フィギュアスケート選手権大会　優勝 |
| 2011年 | 世界フィギュアスケート選手権大会　2位 |
| 2012年 | ISUグランプリシリーズ　スケートアメリカ　優勝 |
| 2014年 | 四大陸フィギュアスケート選手権大会　2位 |

# Contents

はじめに ………………………………………………………………………… 2

## 第1章 フィギュアスケートの基礎知識

**フィギュアスケートとは** ……………………………………………………… 8
- 得点 ● 演技時間 ● 年齢制限

**大会カレンダー** ………………………………………………………………… 10
- 前半はGPシリーズ、後半はチャンピオンシップ

**大会の位置づけ** ………………………………………………………………… 12
- 最高峰はオリンピックと世界選手権 ● グランプリシリーズで、前半戦の雰囲気を読む

**どの大会に出場するのか?** ………………………………………………… 14
- 試合数は7〜9試合 ● シーズン前半は大忙し ● 年齢と演技
- 選手も最初はどの試合に出るかわからない

**大会に出場する選手の決定方法** ………………………………………… 16
- チャンピオンシップなどの枠は前年の成績で決まる
- グランプリシリーズのアサインの割り振られ方 ● 全日本選手権出場選手の決め方

**エキシビション／アイスショー** ……………………………………………… 18
- 曲の長さや小道具の使用も自由 ● プロスケーター ● アイスショー

**採点に関わる人たち** …………………………………………………………… 20
- 採点には3種類の人たちが関わっている
- 全員の採点が反映されているわけではない!?

## 第2章 ルールと採点

**基本的なルール** ………………………………………………………………… 26
- 毎年、ルールを協議する

**ジャンプ** ………………………………………………………………………… 28
- ジャンプの種類 ● コンビネーションジャンプ ● ジャンプの種類を制限
- 高得点につながるジャンプ

**ジャンプ「アクセル」** ………………………………………………………… 32
**ジャンプ「ルッツ」** …………………………………………………………… 33
**ジャンプ「フリップ」** ………………………………………………………… 34
**ジャンプ「ループ」** …………………………………………………………… 35
**ジャンプ「サルコウ」** ………………………………………………………… 36
**ジャンプ「トウループ」** ……………………………………………………… 37

**ジャンプの基礎点** ···················· 38
- ●ジャンプそれぞれに点数(基礎点)がある　●高難易度＝高い基礎点
- ●アクセルは高得点　●見た目は似ているが、点数は大きく違う
- ●難易度に大きな差がないサルコウとトウループ

**ジャンプの回転不足** ···················· 42
- ●回転不足にも種類がある　●回転不足の原因　●回転不足を見極める
- ●回転不足判定

**ジャンプの「GOE」** ···················· 46
- ●ジャンプの出来を点数化する「GOE」
- ●ミスした4回転より、3回転のほうが得点高い!?
- ●GOEの「＋」や「－」はどうつけられる?

**スピン** ···················· 50
- ●スピンの回数　●スピンの種類

**スピンの基礎点、レベル、GOE** ···················· 52
- ●レベルの判定　●GOEの判定

**スピン「アップライトスピン」** ···················· 54
**スピン「I字スピン」** ···················· 55
**スピン「レイバックスピン」** ···················· 56
**スピン「ビールマンスピン」** ···················· 57
**スピン「シットスピン」** ···················· 58
**スピン「キャノンボール」** ···················· 59
**スピン「キャメルスピン」** ···················· 60
**スピン「ドーナツスピン／キャッチフットスピン」** ···················· 61
**ステップシークエンス** ···················· 62
- ●点数化される3つ目の要素

**ステップシークエンスの基礎点、レベル、GOE** ···················· 64
- ●レベルの判定　●GOEの判定

**そのほかの技** ···················· 66
- ●スプレッド・イーグル　●クリムキン・イーグル　●イナ・バウアー　●ハイドロ・ブレーディング

**技術点のなかでの各エレメンツの点数比重** ···················· 68
- ●各エレメンツの点数比重

**演技構成点(PCS)** ···················· 70
- ●エレメンツ以外を採点する演技構成点

**スコアシート(プロトコル)の見方** ···················· 72
- ●スコアシートで滑りを復習しよう

**得点の目安を知っておく** ···················· 74
- ●パーソナルベストのベスト6

Contents

# 第3章 スケートの気になることを解消

**プログラム** ·········································· 78
- どんなプログラムを作るか ● 新しいプログラム作り ● 名作と呼ばれるプログラム

**振付け／振付師** ·································· 82
- トップ選手は振付師に依頼 ● 選手と振付師

**曲** ···················································· 86
- さまざまなジャンルの音楽が使われる

**コスチューム（衣装）** ······················ 88
- こだわりのコスチューム ● コスチュームを作るプロ

**滑走順** ············································ 90
- グループ分けして演技

**コーチ** ············································ 92
- コーチのふるまい

**テレビ観戦** ······································ 94
- 情報を有効活用する ● 画面の文字情報に注目

**リカバリー** ······································ 96
- 事前に構成表を提出する ● リカバリーとは

**女子選手の4回転やトリプルアクセル** ··· 98
- 公認大会で成功したら「史上初」の称号

**いい演技だと思ったのに点数が低い!?** ·· 100
- 「ダウングレード」と「ザヤック・ルール」

**転んだ選手のほうが高得点!?** ············ 102
- 転倒は大きく減点されるようになった

**4回転を入れるより、3回転だけのほうが高得点!?** ··· 103
- エレメンツの質の高さが評価につながる

**ペアとアイスダンス** ·························· 104
- 国によって人気カテゴリーは異なる

**小塚崇彦流フィギュア観戦術** ············ 106

**索引** ·············································· 110

6

第 1 章

# フィギュアスケートの基礎知識

- フィギュアスケートとは
- 大会カレンダー
- 大会の位置づけ
- どの大会に出場するのか?
- 大会に出場する選手の決定方法
- エキシビション／アイスショー
- 採点に関わる人たち　など

# フィギュアスケートとは

## ✳ 得点

　シングルではショートプログラム（SP）とフリースケーティング（FS）の2回演技を行い、それぞれの点数を出します。2回の合計得点の高いほうから順位をつけていくシステムです。

**ショートプログラム（SP）の得点** ＋ **フリー（FS）の得点** ＝ 総合得点

### ● 技術点と演技構成点

　ショートプログラムもフリーもそれぞれ「**技術点**」と「**演技構成点**」という2つの得点を合わせて合計点が算出されます。

　「**技術点**」とは、「ジャンプ」「スピン」「ステップシークエンス」という3種類のエレメンツの得点を合計したものになります。

　「**演技構成点**」は、エレメンツでは評価していない技術面、例えばスケートの基本であるスケーティング（滑り）の巧みさやうまさなどを得点にしたり、芸術面と呼ばれるような、表現力や音楽とのマッチ具合などを点数化したりしたものです（P70参照）。

　そこから「減点」分を引きます。減点は、プログラムの音楽の時間が規定より長すぎたり短すぎたりしたときや、衣装が落ちてしまったり（ストーンや羽根などの小さなものも含む）、違反要素（バックフリップなど）を行ったりした場合に適用されます。

### ● 得点の出し方（ショートプログラムの場合）

**技術点**
計7つのエレメンツ（ジャンプ3、スピン3、ステップシークエンス1）の合計点

＋

**演技構成点**
各10点満点で出された
5項目の合計点（最大50点）

－

**減点**

＝

**その演技の得点**
合計点

## ✳ 演技時間

### ● 男女シングルの演技時間

| ショートプログラム | 2分40秒±10秒 |
| --- | --- |
| フリー | 4分±10秒 |

　最初に行われるショートプログラムより、あとに行われるフリーのほうがエレメンツの数が多いため、フリーで逆転することも逆転されることも、それほどめずらしいことではありません。選手は、ショートプログラムの結果に左右されすぎずにフリーに臨むことが重要です。

第 1 章　フィギュアスケートの基礎知識

## ✳ 年齢制限

よく「年齢制限でオリンピックに出られない」などと言われるように、フィギュアスケートには大会によって出場する選手の年齢制限があります。フィギュアスケートのメインシーズンは秋から冬になるため、シーズン初日は7月1日、シーズン最終日は6月30日とされています。

さて、年齢制限ですが、オリンピック、世界選手権、四大陸選手権、グランプリシリーズなどの国際大会では、「大会直前の6月30日時点で15歳になっている」選手が出場できると決められています。

15歳ながらグランプリファイナルで優勝などしていた浅田真央さんが2006年のトリノオリンピックに出場できなかったのも、彼女が2005年6月30日時点で14歳だったからです（誕生日は9月25日）。高い能力を持つ選手がオリンピックに出場できないのは残念な気もしますが、この年齢制限は、あまりにも年齢の低い子どもたちが、過度なプレッシャーや練習で心身の成長を損なうのを防ぐために設けられています。

### ● 日本の大会での年齢のカテゴリー

| ノービスB | ノービスA | ジュニア | シニア |
|---|---|---|---|
| 9〜10歳 | 11〜12歳 | 13〜18歳 | 15歳〜 |

※誕生日が7月1日以降の場合　※ペア、アイスダンスの男子選手は、少し異なる。

シニア、ジュニア、ノービスなど、各年齢カテゴリー間に、少し年齢が重なる部分があります。例えば、15歳の選手が「すでにジュニアでやるべきことはやった」と考えればシニアに行けますし、7月1日時点で18歳の選手が「もう1シーズンジュニアで納得のいく成績を残したい」と思ったらジュニアに残ることもできるということです。シニアとジュニアでは、大会賞金の額も大きく違いますし、シニアで名前を売っていくためにも、ジュニアで一定のレベルまで行ったらシニアに早く上がりたいと考える選手もたくさんいます。

女子選手のほうが年齢の低いうちに体力的にもピークに近づくため、15歳でシニアに上がる女子選手はちらほら見かけます。一方、男子選手は、15歳では筋力などがまだ大人になりきっておらず、シニア選手との体格差が大きいため、ジュニアを続けるのが普通です。15歳でシニアで戦っている男子選手は、相当な実力者か、スケート大国ではないためにその選手がその国のスケート界を背負っている、というケースが多いもの。もちろん、女子選手でも15歳でシニアに出る選手は、相当な実力者ですが、男子選手のほうがよりその傾向が強いといえます。演技を見るとき、その選手の年齢も確認すると、こうしたことが事前情報としてわかります。

# 大会カレンダー

## ※ 前半はGPシリーズ、後半はチャンピオンシップ

　秋冬に開催されるスポーツであることはわかるけれど、実際に大会がいつどんなところで行われているのか……と、細かいことはわからないかもしれません。まずは、ザッと流れを知ると、選手たちが何を意図してピーキングなどをしているのか、といったことが想像でき、スケート観戦がぐんと楽しくなります。フィギュアスケートの大会は国内外を合わせるとたくさんありますが、今回は、そのなかでもかなりメジャーな大会にしぼって紹介します。

　大きく分けて、秋から12月までが「シーズン前半」、1月からが「シーズン後半」ととらえられています。シニアのトップ選手にとっては、シーズン前半は、グランプリ（GP）シリーズと全日本選手権など国内選手権、シーズン後半は、四大陸選手権（ヨーロッパの選手はヨーロッパ選手権）と世界選手権、4年に1度はオリンピック、というのが主な流れになります。なお、「選手権」とつく大会は「チャンピオンシップ」とも呼ばれます。

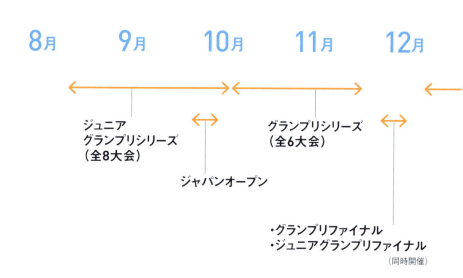

第 1 章 フィギュアスケートの基礎知識

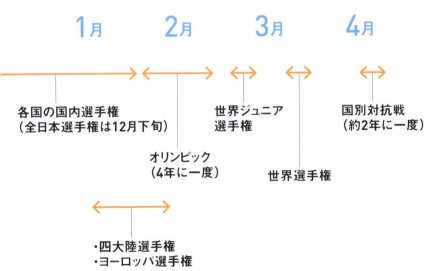

※オリンピックシーズンは少し前後する

# 大会の位置づけ

## ✳ 最高峰はオリンピックと世界選手権

　大会には、それぞれに重要度があります。フィギュアスケート選手にとってもっとも重要な大会は、オリンピック（次回は2022年2月の北京大会）です。

　オリンピックのない3シーズンでもっとも重要なのは、世界選手権。この大会の優勝者が、そのあとの1年間「世界チャンピオン」と呼ばれます。次に大きいものが、ヨーロッパ選手権と四大陸選手権。どちらも同格です。

　こうした大会に派遣されるのは、各国内の選手権（日本でいえば全日本選手権）の優勝者や上位選手などです。そのため選手たちは、自国の国内選手権での優勝や上位入賞を、シーズン前半の大きな目標と定めています。

| | \別格/ | |
|---|---|---|
| **最高峰** | **オリンピック** | 最高峰だが、4年に一度ということもあり、別格の大会。 |
| **最高峰** | **世界選手権** | オリンピックのない年ではもっとも重要な大会。 |
| **同格** | **ヨーロッパ選手権** | ヨーロッパの選手はヨーロッパ選手権に、それ以外の国の選手は四大陸選手権に出場。 |
| | **四大陸選手権** | |

| | |
|---|---|
| **各国選手権**<br>● 全日本選手権<br>● 全米選手権<br>● ロシア選手権 など | 各国内のすべてのトップ選手が出場。シーズン中のほかのどの大会とも違う独特のムードがあり、緊張感のある大会。この大会の成績により、世界選手権やヨーロッパ選手権、四大陸選手権などの出場選手が決まる。 |

第 1 章　フィギュアスケートの基礎知識

## ✳ グランプリシリーズで、前半戦の雰囲気を読む

　シーズン前半には、世界選手権や四大陸選手権などとは別のシリーズとなるグランプリシリーズの6大会があります。ここに出場できるのは、世界トップクラスの選手たちだけなので、グランプリシリーズ出場は選手にとって名誉なことなのです。
　さらに、このグランプリ6大会の上位6人（組）だけが出場できるのが、グランプリファイナルです。グランプリファイナルは、出場するだけでも世界トップの証となりますので、メダリストはそのシーズン前半の調子がよい選手ともいえます。あくまでもシーズンの最高峰は世界選手権なので、グランプリファイナルはシーズン前半の暫定世界一を決める大会、という感覚です。

**グランプリファイナル**

グランプリ6大会の順位をポイント化し、そのポイントの上位6人（組）だけが出場できる、グランプリシリーズの決勝大会。

**グランプリ6大会**
- NHK杯
- スケートアメリカ　など

6つの大会は同格で、どの大会に派遣されても有利、不利はないが、有力選手がケガなどで欠場した場合などには、大会のレベルに差が生じることもある。

### ミニマムスコア

　国際スケート連盟主催の該当の大会には、ショートプログラム・フリーとも、「技術点」で決められた点数である「ミニマムスコア」を超えていないと出場できません。2019-20シーズンでは、世界選手権やヨーロッパ選手権、四大陸選手権、世界ジュニア選手権前には、ミニマムスコアをクリアしている必要があります。2019-20シーズンの世界選手権のミニマムスコアは、男子のショートプログラム34.00点、フリー64.00点、女子のショートプログラム29.00点、フリー 49.00点です。

# どの大会に出場するのか?

## ※ 試合数は7〜9試合

　毎週試合のある野球やサッカーとは違い、フィギュアスケートの大会数は限られています。シニアの世界トップ選手の場合、1シーズンに出場するのは、最大12試合で、そのなかからコンディションや状況を考え合わせて、出場する試合を決めていきます。

日本人トップ選手の出場大会例

● チャレンジャーシリーズ ……………………………… 1〜2大会
● グランプリシリーズ ……………………………………… 2大会
● グランプリファイナル …………………………………… 1大会
● 国内選手権(ブロック大会など) ……………………… 1〜3大会
● 四大陸選手権 ……………………………………………… 1大会
● オリンピック(開催されるシーズン) ………………… 1大会
● 世界選手権 ………………………………………………… 1大会
● 国別対抗戦(開催されるシーズン) …………………… 1大会

最大で
12試合
(からいくつか)
に出場

## ※ シーズン前半は大忙し

　大会には基本的に男女シングル、ペア、アイスダンスそれぞれに、ショート、フリー、(上位入賞すれば)エキシビションがあるため、大会期間は3〜6日ほどになります。世界各国で開催される大会に出場することから、移動に時間がかかり、時差調整も必要です。また、長時間のフライト後はすぐには通常通りに動けないこともあるため、選手たちは少し早めに移動しています。基本的には、火〜水曜日に現地入りしています。

　とくにシーズン前半は、トップ選手たちは大忙し。グランプリシリーズは毎週末に世界のどこかで行われます。トップ選手は最大2試合に出場しますが、出発から帰宅まで5〜6日ほどかかるため、シーズン前半はホームリンクでじっくり練習するのが難しくなります。また、海外での試合の後、次の試合までが10日くらいのときには、日本に帰らずそのまま海外で練習することも。そのため、シーズン前にある程度のトレーニングをしておくことが重要になります。

第 1 章　フィギュアスケートの基礎知識

## ✳ 年齢と演技

　出場する大会数がそれほど多くないため、選手たちは、出場したときにはできる限りすばらしい演技を見せたいと考えます。フィギュアスケートでは、男子は21歳前後、女子は18歳前後でスタミナのピークが来ると言われているため、そのくらいの年齢になると、シーズンのなかでのピーキングも意識する必要が出てきます。シーズン前半では全日本選手権などの各国国内選手権に、シーズン後半では世界選手権（オリンピックのあるシーズンはオリンピック）にピークがくるように、心身を整えていきます。

　スタミナのピークを迎えたとしても、そうした年齢でスケーターの進化が足踏みしてしまうというわけではありません。基本的な滑りやエッジ遣い、表現力や観客を巻き込む力などは、年齢を重ねるごとに増してきます。こうした「スケーターとしての味わい」の部分と、体力面とのバランスの妙を見せた演技こそが、高得点にもなり、人々の胸に残るものになります。

## ✳ 選手も最初はどの試合に出るかわからない

　トップ選手になると、自主的に「出場します」とエントリーする試合は、それほど多くありません。P14の「日本人トップ選手の出場大会例」の場合、自らエントリーするのは「チャレンジャーシリーズ」と「国内選手権」のみになります。グランプリシリーズなどは、事前に選手の希望を連盟に伝えていますが、すべて希望通りになるという訳にはいかないものです。

　グランプリシリーズは、大会に「アサイン（割り当て）される」という言い方をしますが、アサインの発表まで選手本人もどの大会に出場するのかわかりません（アサイン方法はP17参照）。

　また、どの選手も出場したいオリンピックや世界選手権、四大陸選手権などは、国内選手権の成績によって決められます。

15

# 大会に出場する選手の決定方法

## ※ チャンピオンシップなどの枠は前年の成績で決まる

オリンピックや世界選手権には「出場枠」があると聞いたことがあるかもしれません。「出場枠」とは、1つの国でその試合に出られる選手の数のことを指します。オリンピックや世界選手権、四大陸選手権などでは、各国各カテゴリー最大3人（組）まで出られるのですが、それが何人になるのかという「枠取り」は、前年の同じ大会（オリンピックの場合は、前年の世界選手権）での各国の選手の成績によって決まります。

### ● オリンピックと世界選手権の出場枠の計算方法

**前年の世界選手権の順位をポイント化して計算**

① 3人出場の場合でも、順位の上位2人のみで計算
② 1位は1ポイント、2位は2ポイント…とする
③ フリーに進出できなかった場合は18ポイント
④ フリー16位以下はすべて16ポイント

| 前年の世界選手権に出場した人数 | 翌年の大会の枠 | |
| --- | --- | --- |
| | 3枠 | 2枠 |
| 1人 | 2ポイント以下 | 10ポイント以下 |
| 2〜3人 | 13ポイント以下 | 28ポイント以下 |

### ● 枠取りのプレッシャー

枠取りで大切なのは、できる限り枠を減らさないこと。例えば、「3枠あったのに2枠になってしまった」とき、「次の年に出場する選手が1人減ってしまう」ということに加え、「確率的に再び3枠に戻すのが以前より厳しい」という状況が生まれてしまうのです。

上の図のように、2枠の国が3枠になるためには、出場した2人の順位を足して13ポイント以下にならないといけません。1人が優勝したらもう1人は12位までに入ればいいのですが、もし1人が6位だった場合、もう1人は5位以上にならないといけません。3人出場している場合は、もし誰か1人がミスを重ねて順位を落としてしまっても、残る2人がきちんと演技すれば2枠は保たれますが、2人しか出場していない場合は、2人ともいい演技が求められるという状況になるわけです。そのため、この「枠取り」は、静かなプレッシャーとして、選手の肩にじわじわとのしかかっているのです。

3枠をキープし続けることも、2枠を3枠に戻すことも、本当に厳しいこと。ずっと3枠をキープし続けているかのような現在の日本の男女シングルですが、男子は2000年頃は1枠と2枠を行き来し、女子も2000年までの4年間、1枠を続けていました。

第 1 章 フィギュアスケートの基礎知識

## ✳ グランプリシリーズのアサインの割り振られ方

❶ 前季の世界選手権の1～6位→シード権
　　　　　　　　　　　　（くじ引きで2大会アサイン）
❷ 前季の世界選手権の7～12位→2大会保証
❸ ❶❷以外で、世界ランキング24位までか、
　前季のベストスコアでミニマムスコア（※）をクリアした
　上位24位までの選手→1枠保証
　（※）前季世界選手権優勝者の3/5の得点か、ISU設定の最低技術点のいずれか
❹ 世界ジュニア選手権とジュニアグランプリファイナルの
　メダリストで、今季シニアに参戦する選手→1大会保証
❺ 「開催国枠」として自国選手は3人まで出場できる。
　ただし、この枠をすべて使わないときは❶～❹で補充
❻ 空いている枠には、開催国が前季のベストスコア75位
　までの選手を選べる
　※このほかにも、「シード権」によってアサインされるケースもある。

## ✳ 全日本選手権出場選手の決め方（男女シングルは各30人）

| | |
|---|---|
| 前季の全日本選手権1～3位 ……………………▶ | シード |
| 東日本選手権（予選）通過 ………………………▶ | 東日本通過 |
| 西日本選手権（予選）通過 ………………………▶ | 西日本通過 |
| 出場予定の国際大会（GPシリーズなど）の<br>出入国の前後1週間以内にブロック大会や ………▶<br>東・西日本選手権がある場合は予選免除 | 予選免除 |
| 全日本ジュニア選手権の上位選手 ………………▶ | 全日本ジュニア推薦 |
| 日本スケート連盟が推薦する選手 ………………▶ | 推薦 |

# エキシビション／アイスショー

## ✻ 曲の長さや小道具の使用も自由

フィギュアスケートには、競技のほかに「エキシビション」や「アイスショー」があります。エキシビションは、大会の最後に、その大会の上位選手や主催者に招待された選手たちが出場するものです。一方、アイスショーは大会と関係なく独自に催されます。

エキシビションは大会の一環として行われることから、基本的に出場するのは現役選手や、地元のちびっこスケーターになります（ゲストでプロスケーターが出場することもあります）。それに対してアイスショーは、現役選手もプロスケーターも出場しています。

また、エキシビションにもアイスショーにもルールはないので、スケーターたちは、好きな長さの曲でプログラムを作れますし、競技で禁止されているバックフリップ（後方宙返り）などを見せたり、小道具を使ったりもできます。

現在の日本では、アイスショーもたくさん開催されています。

## ✻ プロスケーター

「プロスケーター」と呼んでいますが、現在のフィギュアスケート界では、プロスケーターと現役選手との違いはそれほどはっきりしているわけではありません。

「プロスケーター」の対の言葉として使われる「現役選手」は、各国のスケート連盟に登録しているスケーターのことで、かつては試合で賞金を受け取ることも、アイスショーに出演することも禁止されていました。現在では、現役選手もアイスショーに出演して出演料を受け取ったり、スポンサー契約をして資金面などでのサポートを受けたりもしていますし、大会によっては賞金も出ています。

本書では、選手登録をして試合に出ている人たちを「選手」、現役の引退宣言をしたり自らプロスケーターと名乗ったりしている人たちを「プロスケーター」として解説しています。なお、両者を一括で指す場合には「スケーター」とします。

第1章　フィギュアスケートの基礎知識

## ✳ アイスショー

　シーズンオフのアイスショーやエキシビションでは、次のシーズンの新しいプログラムをお披露目するスケーターも少なくありません。ひと足早く新しいプログラムを見られるのも、アイスショーなどの醍醐味です。また、競技ではライバルだったり、年代が違うために競技では接点が少なかったりするスケーターたちが、同じ曲に合わせてグループナンバーを踊ったり、ジャンプを競い合ったりするリラックスした様子を見るのも、ファンにはたまらないものです。

### ● 現在の日本の主なアイスショー

| | |
|---|---|
| プリンスアイスワールド（PIW） | 1978年に誕生したショー。年に数回、全国各地で開催。ショー最後の「ふれあいタイム」では、スケーターと握手や写真撮影ができる。 |
| ファンタジー・オン・アイス | 5月下旬から全国3〜4か所で開催。そのときの国内外のトップ選手と最高峰のプロスケーターが一堂に会する豪華なショー。 |
| THE ICE | 7月下旬頃、愛知県を中心に全国数か所で開催。もとは浅田真央さんが座長を務めるショーだった。比較的若いスケーターの多い和気あいあいとしたショー。 |
| フレンズオンアイス（フレンズ）クリスマスオンアイス（XOI） | 8月下旬のフレンズは、座長の荒川静香さんと友達スケーターが出演。プロデュースなどは荒川さん自ら。XOIは毎年ではないが開催。いずれもアットホームなショー。 |
| 浅田真央サンクスツアー | 現役引退とともにTHE ICEを卒業した浅田真央さんが立ち上げたツアー。全国各地の常設リンクを使用しチケットを低価格に抑えるなど、新しい試みのショー。 |
| ディズニーオンアイス | ディズニーのキャラクターが滑る、家族連れなどをメインターゲットとしたショー。現役時代に大会で活躍したスケーターも多数出演。 |
| ドリーム・オン・アイス（DOI）メダリスト・オン・アイス（MOI） | どちらも「日本代表エキシビション」と銘打たれ、ノービスからシニアまでの日本代表が出演。MOIは全日本選手権の翌日、DOIは6月下旬頃開催。 |
| カーニバル・オン・アイス | 10月第1土曜日のジャパンオープンと同日に開催されるため、エキシビションに近い。1日で試合とエキシビションをすべて見ることができる。 |
| 名古屋フィギュアスケートフェスティバル | 1月上旬に名古屋で開催される。元々は愛知県出身スケーターを中心としていたが、現在は比較的若手のトップ選手と有望選手が出場。 |

※（　）内は略称。

# 採点に関わる人たち

## ✳ 採点には3種類の人たちが関わっている

　フィギュアスケートは採点スポーツ。そのため、テレビ放送でも、「ジャッジ」とか「テクニカルパネル」といった言葉を耳にすることもあります。演技を判断して点数を出しているような人たちなのかな、とは想像できるのですが、採点に関わる人たちのことを一度しっかり知っておくと、採点に対する漠然とした感覚が変わるかもしれません。

　フィギュアスケートの採点には、「イベントレフリー」「テクニカルパネル（技術パネル）」「ジャッジ」の3種類の人たちが関わっています。彼らは、自国の小さな大会から少しずつ採点経験を積み、国際スケート連盟の試験（実技と筆記。いずれも英語で行われるため、実用レベルの英語力が不可欠）を受けるなどして、国際舞台での採点を行っているのです。

　多くの人たちは、「少しでも選手たちのために」という思いでそうした仕事をスタートさせています。リンクの1番よい場所から演技を見られるとはいえ、大会期間中の日当は低廉（交通費や宿泊費などはほぼ支給）で、休日はほとんど大会に出かけることになるため、自分の仕事などを調整しながら、かなりの時間と労力をフィギュアスケートに注いでいます。

　試合中、彼らがいるのは右ページの上図のような場所です。選手たちは、彼らから見たときにもっとも効果的に見えるようなプログラムを作るため、こちら側を「正面」と言うこともあります。

### ● メダリストが採点することも!?

　どの大会でも、各カテゴリーの試合が始まるとき、第1グループの選手たちが出場する前に、採点に関わる人たちの名前が一人ひとりアナウンスされ、そのたびに彼らは立ち上がって観客に手を振ったりお辞儀をしたりします。

　何年も試合を見ていると、「今回のテクニカルスペシャリストは、数年前の世界選手権のメダリストだ」と気づいたりすることも。会場の観客はそうした人にすぐに気づくので、名前がアナウンスされると、明らかに大きな拍手が送られます。また拍手を送られた側も、少し照れたような表情を見せるなどの微笑ましい光景がしばしば見られます。

第 1 章 　フィギュアスケートの基礎知識

「イベントレフリー」「テクニカルパネル」「ジャッジ」は試合中、それぞれに別の仕事をしています。

インカムを使って口頭で簡潔にやりとりしつつ、コンピューターパネル上で採点を行っています。

● **採点例：選手がトリプルアクセルを跳んだとき**

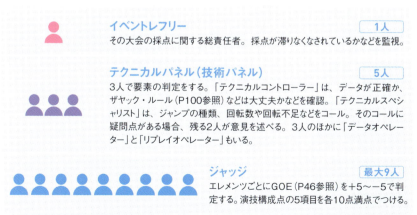

**イベントレフリー**　　1人
その大会の採点に関する総責任者。採点が滞りなくなされているかなどを監視。

**テクニカルパネル（技術パネル）**　　5人
3人で要素の判定をする。「テクニカルコントローラー」は、データが正確か、ザヤック・ルール（P100参照）などは大丈夫かなどを確認。「テクニカルスペシャリスト」は、ジャンプの種類、回転数や回転不足などをコール。そのコールに疑問点がある場合、残る2人が意見を述べる。3人のほかに「データオペレーター」と「リプレイオペレーター」もいる。

**ジャッジ**　　最大9人
エレメンツごとにGOE（P46参照）を+5〜−5で判定する。演技構成点の5項目を各10点満点でつける。

21

## ジャッジについて

## ※ 全員の採点が反映されているわけではない!?

　最大9人いるジャッジの採点ですが、9人分すべてが試合結果に反映されるわけではありません。公平を期すために、エレメンツごと（演技構成点の場合は項目ごと）に最大値と最小値を除外した7人のジャッジのGOE（演技構成点の場合は点数）を平均化したものが、そのエレメンツのGOE（演技構成点の場合はその項目の点数）ということになります。

### ● 採点例

| | ジャッジ 1 | ジャッジ 2 | ジャッジ 3 | ジャッジ 4 | ジャッジ 5 | ジャッジ 6 | ジャッジ 7 | ジャッジ 8 | ジャッジ 9 | GOE |
|---|---|---|---|---|---|---|---|---|---|---|
| トリプルアクセル | +1 | -1 | +2 | +1 | ±0 | ±0 | +2 | -1 | +2 | 0.71 |

　　　　最小値　最大値

この9つの合計は7で、平均は0.78。しかし実際のGOEは、最大値+3と最小値+1を除外した7つの数字の合計（5）の平均値になるので、5÷7＝0.71となる。

　こうした採点ルールになっているのは、ジャッジが特定の選手を不当に高く評価したり低く評価したりしたとしても、本来の出来と採点が乖離してしまわないようにするためです。あってはならないことですが、自国選手や特定の選手に甘めに判定してしまったり、また反対に、自国選手などのライバルに辛めに評価をしたりするということがあるかもしれません。

　そんなとき、1人のジャッジの暴挙があっても、それに大きく影響されないようになっているのがこの採点方法です。もちろん、そうしたおかしな採点については、試合後に採点する人たちが集まるミーティングで話されますし、ひどい採点にはイエローカード的な警告が与えられます。

## ● より公平な採点へ

　2019-20シーズンからは、このあたりのルールがより厳格になっています。例えば、その大会に出場する選手やその家族との個人的なつながり（家族や親しい友人など）があったり、その試合に出場する選手やその家族と敵対関係にあったりする人は、その大会のそのカテゴリーでは、イベントレフリーとテクニカルパネルの仕事をしない、と定められました。

　また、オリンピック前年の世界選手権での1～5位の選手とオリンピックで1～5位に入ると予想される選手の国のイベントレフリーとテクニカルパネルは、そのオリンピックのその種目には選ばれないことになりました。

　上記2点に関してジャッジは該当しませんし、ほかにももう少し細かく定められているのですが、国際スケート連盟が、さらに公平な採点を求めているということがうかがえるルールです。

## ● ジャッジの名前と国籍を公表

　2016-17シーズンから、採点をしたのがどのジャッジなのか、そのジャッジの名前や国籍が公開されるようになりました。これは、ジャッジが匿名であることを隠れ蓑にして、自分に都合のよい採点（もう少し突っ込んで言うと、自国選手に有利な採点やライバル選手に辛い採点、また買収された通りの採点など）をしやすいのではないか、という懸念が生まれたからです。

　とはいえ、実はそれより以前には、その点数を出したジャッジの名前と国籍が公表されるシステムから、匿名性に変えた時期もありました。このときは、ジャッジが買収などの裏取引に加担していた際、本当に取引通りの採点をしたかどうかを裏取引の依頼主が簡単に確認できるため、裏取引が行われやすいのではないかという声に応えた形でした。

　どちらの主張も理解できますし、採点スポーツである以上、こうした議論やルール変更がなくなることはなかなか難しそうです。

### 採点方法の変更

　フィギュアスケートの採点は、2003-04シーズンまでは、「6.0満点方式」と呼ばれるものだったことをご存知でしょうか。当時は、「技術点」と「芸術点」をそれぞれ6.0満点で採点し、そこまでに滑った全選手のなかでこの選手は何番だったのかという「順位点」をつける相対評価でした。2002年ソルトレイクシティオリンピックのペアで、ジャッジの不正採点があったのではないかという疑惑がいまだ未解決であり、そのために同カテゴリーで2組の金メダリストが誕生したことから、その後採点方法が大きく変わり、演技単体を見て採点する絶対評価のシステムになりました。

Column

# 競技終了後に投げ込まれる
# プレゼントのルール

　選手の滑走後にスケートリンクへ投げ込まれる、数多くのプレゼントを見たことは一度や二度ではないはず。特に羽生結弦選手の滑走後に投げ込まれる、『くまのプーさん』のぬいぐるみは相当な数になります。

　ところで、投げ込めるプレゼントなどにはルールがあることをご存知でしょうか。ここでは2019年NHK杯のWebサイト「よくあるご質問」に掲載されているルールを紹介します。

### ● 投げ込める席

　リンクとの距離の関係上、投げ込みが許可されているのはアリーナ席のみです。それ以外の席の人でプレゼントのお渡しを希望する場合は、会場内「プレゼント預かり所」へ渡すことになっています。

### ● 投げ込むものの梱包

　花束やプレゼントなどは、しっかりと梱包する必要があります。会場内の花屋以外で買われた花を持ち込む場合には、必ず会場内の花屋で包装の確認が必要です。

### ● 投げ込めない場合

　アリーナ席以外からの投げ込みがあった場合や、包装されていない商品が投げ込まれた場合など、主催側の判断でプレゼントの投げ込みを禁止する場合があります。また、全席が投げ込み禁止日もあります。

### ● 渡せるプレゼントの種類

　飲食物や動物、貴重品（貴金属、宝石等）、金券、商品券、スタンド花などは渡せません。

### ● プレゼントは渡す選手名を記載

　「プレゼント預かり所」では、当日開催している大会やエキシビションに出場している選手へのプレゼントを渡すことができます。プレゼントには必ず、渡す選手名を記載する必要があります。

### ● 郵送によるプレゼントは禁止

　「プレゼント預かり所」は、当日持ち込んだもののみ選手へ渡されます。郵送で会場へ送付したプレゼントは、主催側が受け取らないルールになっています。

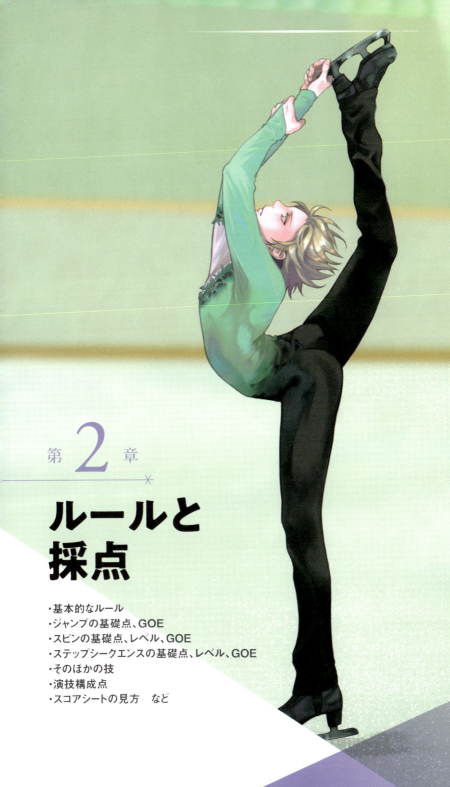

第 2 章

# ルールと採点

・基本的なルール
・ジャンプの基礎点、GOE
・スピンの基礎点、レベル、GOE
・ステップシークエンスの基礎点、レベル、GOE
・そのほかの技
・演技構成点
・スコアシートの見方　など

# 基本的なルール

## ✳ 毎年、ルールを協議する

　フィギュアスケートのルールは、毎年更新されています。毎シーズンオフ、国際スケート連盟は、すべての加盟国の代表を集めた会議を行います。そこで、各国が求める改善案や新しいルールなどの議題を話し合い、いくつかはすぐにルールに採用されます。

　例えば、「ジャンプの基礎点が高すぎると感じられることが多かった」ときは基礎点が引き下げられたり、「回転不足判定が厳しすぎて、得点を伸ばしきれない選手が増えた」ときは回転不足判定を少し緩和したりと、さまざまな変更がされてきました。

### ● ルール変更は大→小→中→小の順

　ルール変更は、オリンピックシーズンの翌シーズンに大きなもの、その後は小さなもの、中くらいのもの、小さなもの、という流れで行われています。2019-20シーズンは小さなルール変更の年になります。

　2019-20シーズンの主な変更点は、回転不足（＜マークのつく、1/2〜1/4回転足りない。P44参照）ジャンプの基礎点とeマークのついたジャンプ（ルッツとフリップのエッジエラーのジャンプ。P40参照）の基礎点が、元の基礎点の75％から80％に引き上げられたことです。2018-2019シーズンは回転不足判定が厳しくなり、点数を伸ばしきれない選手が増えたことから、基礎点を上げることになりました。これは、難しいジャンプに挑戦する選手を後押しする変更だといえます。

第2章 ルールと採点

## ● ルールはWebサイトで確認できる

ルールについては、国際スケート連盟（ISU）のWebサイトで、誰でも確認することができます。ただし英語になりますので、読み間違いのないように留意する必要があります。日本スケート連盟のWebサイトでも、毎年8月頃になると、変更されたあとの新シーズンのルールについての和訳が掲載されます。

## ● ISUのWebサイト

ISU（https://www.isu.org/）のWebサイトから、「FIGURE SKATING」→「Rules」の順で進み、「Special Regulations & Technical Rules」や「ISU Communications」、「Handbooks Single & Pair Skating」などを参照すると、当該シーズンのルールや、フィギュアスケートの基本ルールを知ることができます。

例えば、競技での衣装の規定（必要以上に肌を露出させない。男子はタイツ禁止で必ず長ズボン着用など）や、リンクのサイズ（56×26メートルまでの小ささはOK）についての記述など、知っていたようで知らなかったことも書かれています。比較的、平易な英語で書かれていますし、まったく知らない内容に触れるわけではないので、想像よりは楽に読めるかもしれません。

## ● 国際大会への派遣基準

日本選手の国際大会派遣の選考基準についても、日本スケート連盟のWebサイト（https://skatingjapan.or.jp/figure/）で確認することができます。

**2019-20シーズンの世界選手権への日本選手の派遣選考基準**（男女シングル。いずれも3枠）

| | |
|---|---|
| 1人目 | 全日本選手権優勝者 |
| 2人目 | 以下のいずれかを満たす者から総合的に判断して1人選考<br>①全日本選手権2位、3位<br>②グランプリファイナル出場の上位2人<br>③全日本選手権終了時点でのワールドランキング上位3人 |
| 3人目 | 以下のいずれかを満たす者から総合的に判断して、<br>1人目と2人目を含めて3人になるまで選考する<br>①2人目の①〜③に該当し、2人目の選考に漏れた者<br>②全日本選手権終了時点でのワールドランキング上位3人<br>③全日本選手権終了時点でのISUのシーズンベストスコア上位3人 |

※最終選考会である全日本選手権への参加は必須。ただし、過去に世界選手権大会3位以内に入賞している選手が、ケガなどのやむを得ない理由で全日本選手権へ参加できなかった場合は、その選手の成績を上記の選考基準に照らして評価し、選考することがある。

27

> ジャンプ

# ジャンプ

## ✻ ジャンプの種類

アクセル　ルッツ　フリップ　ループ　サルコウ　トウループ

DIFFICULT ←　　　　　　　　　　　　　　　→ EASY

　フィギュアスケートのジャンプは、6種類。6種類のジャンプは、難しい順に、「アクセル」「ルッツ」「フリップ」「ループ」「サルコウ」「トウループ」とされています。とはいっても、選手それぞれが感じる難易度は少しずつ違っていて、アクセルが得意で好きな選手もいれば、サルコウが苦手という選手もいます。

## ✻ コンビネーションジャンプ

　テレビの中継などで、「コンビネーションジャンプ（連続ジャンプ）」という言葉を聞いたことがあるかもしれません。これは、前述の6種類のジャンプを、2つとか3つ連続で跳ぶことを指しています。例えば、「4回転トウループ＋3回転トウループ」とは、「4回転トウループを跳んで降りた瞬間に3回転トウループを跳んで降りるコンビネーションジャンプ」のことです。

コンビネーションジャンプの例

| | |
|---|---|
| 4回転トウループ＋3回転トウループ | 2連続 |
| 3回転アクセル＋3回転トウループ＋2回転ループ | 3連続 |
| 3回転ルッツ＋1回転オイラー＋3回転サルコウ | 3連続 |

※1つ目のジャンプを右足で着氷するので、2つ目、3つ目には右足を氷につけたところから踏み切れる「トウループ」と「ループ」をつけるのがもっとも自然です。

28

第2章 ルールと採点

## ● オイラー

　1つ目のジャンプの後、一瞬間をおいてから次のジャンプを跳ぶ、というシーンを見たことがあると思います。これは、あいだに「オイラー」というジャンプを挟むことで、右足で降りたジャンプに続けて、左足踏み切りのジャンプ（サルコウやフリップ）をつけているものです。間のあいた2連続ジャンプのように見えますが、あいだに「オイラー」を挟んだ「3連続ジャンプ」となります。このジャンプはこれまで「ハーフループ」と呼ばれ、その後「シングルループ」と表記されるようになり、2018-19シーズンから「オイラー」と呼ばれるようになりました。

## ● ジャンプシークエンス

　オイラーを挟んだジャンプに少し似て見えますが、2つ目のジャンプにアクセルを跳ぶものを「ジャンプシークエンス」と呼びます。1つ目のジャンプを右足の後ろ向きで降りて、すぐさま身体の向きを180度クルッと変えて前向きにアクセルを跳ぶため、一瞬ジャンプが途切れて見えます。2018-19シーズンのGPフィンランド大会のフリーで、羽生結弦選手は、「4回転トウループ＋3回転アクセル」というジャンプシークエンスを、史上初めて成功させています。

### Column
**プログラム内の<br>ジャンプの数は決まっている**

　P8で述べたように、フィギュアスケートでは、ジャンプやスピン、ステップそれぞれに点数をつける採点方式が採用されています。それならば、「なるべくたくさんジャンプを跳んでスピンを回ったほうが総合得点も高くなるのではないか？」と思うかもしれません。ですが、ショートプログラムもフリーもジャンプの数が決められています。

◆ ショートプログラム
ジャンプの数は3つ。内訳は、ソロジャンプ、コンビネーションジャンプ、アクセル。ショートプログラムの3つのジャンプには回転数の制限もある。

◆ フリー
ジャンプの数は7つ。うち3つまではコンビネーション可。そのうち1つは3連続もOK。

**Memo** 試合では、3つ連続のコンビネーションまで認められていますが、ルールのないアイスショーなどでは、4連続、5連続、6連続などのコンビネーションジャンプで、会場を沸かせるスケーターもいます。

## ✳︎ ジャンプの種類を制限

　6種類もジャンプがあると、選手それぞれに得意なジャンプと苦手なジャンプがあるものです。しかし、得意なジャンプばかりを跳ばずに、多くの種類のジャンプを入れたバランスのよいプログラムになるよう、跳べるジャンプの種類を制限しています。

### ジャンプの制限（フリーの場合）

① 同じ種類の3回転以上のジャンプは、2回まで。
　そのうちの1つ以上はコンビネーションジャンプにする

② 2回跳ぶことのできる4回転ジャンプは、1種類まで

③ アクセルを最低1つ入れる

④ 同じ種類の2回転ジャンプは2回まで
　（片方がコンビネーションでなくても可）

実際のジャンプ構成で確認してみよう！
### 2019年世界選手権のネイサン・チェン選手のフリー

| | |
|---|---|
| 4回転ルッツ ② | |
| 4回転フリップ ② | |
| 4回転トウループ ①② | |
| 3回転アクセル ③ | |
| 4回転トウループ ①② ＋3回転トウループ ① | |
| 3回転ルッツ＋3回転トウループ ① | |
| 3回転フリップ＋1回転オイラー＋3回転サルコウ | |

**ジャンプの制限**

① 「4回転トウループ」「3回転トウループ」が2回までになっていて、そのうちの1つはコンビネーションジャンプになっているのでOK。

② 2回跳んだ4回転は「トウループ」のみになっているのでOK。

③ 「アクセル」を跳んでいるのでOK。

④ 2回転ジャンプは跳んでいないのでOK。

第 2 章　ルールと採点

## ✻ 高得点につながるジャンプ

　ほかにも、ジャンプにはさまざまな決めごとがあります。一気にすべてを理解するのは難しいため、まずはここまでの内容を整理して少しずつ覚えていきましょう。

　なお、プログラム後半に跳んだジャンプは、基礎点が1.1倍されて高得点につながるというルールがあります。これは、プログラムの後半になるほど、体力的にもきつくなってくるため、そうした状況で跳んだジャンプを少し高い点数で評価しよう、という考え方から生まれたルールです。

　先ほどのネイサン・チェン選手のジャンプ構成では、最後の3つのジャンプはプログラム後半に跳んでいるので、基礎点が1.1倍されています。しかも彼のこのプログラムでは、その3つのジャンプがすべてコンビネーションジャンプになっているため、基礎点自体がとても高い構成です。基礎点が高いジャンプのほうが、1.1倍された後の基礎点も大きくなるため、そうしたジャンプを成功させることで、彼はさらなる高得点を可能にしました。

### ●プログラム後半のジャンプのうち、基礎点が1.1倍になるもの

- ショートプログラム（1分20秒以降）
  → **最後のジャンプ**

- フリー（2分以降）
  → **最後の3つのジャンプ**※

※後半に跳んだジャンプが1〜2個しかない場合は、1.1倍されるのはその1〜2個のみ。

### 現行ルールになった理由

　2017-18シーズンまでは、プログラムの後半のすべてのジャンプで基礎点が1.1倍されていたのですが、ジャンプをすべて後半に構成する選手などが出てきたことから、プログラムのバランスを求めるために、現在のようなルールに変わりました。

ジャンプ
# アクセル

省略表記は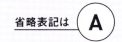

見分けポイント
## 「前向きに踏み切る」

6種類のジャンプのなかで唯一前向きに踏み切るので、とても見分けやすいジャンプです。ジャンプは6種類ともすべて後ろ向きに着氷するので、「前向きに跳び上がって後ろ向きに降りる」アクセルだけは、半回転多くなります。そのため、「3回転アクセル」では、実際には3回転半回っています。よく耳にする「トリプルアクセル」とは3回転アクセルのことです。

進行方向

POINT!
前向きに
踏み切る

### 公式戦で初成功した選手

**初成功**
アクセル・パウルゼン
(ノルウェー・1882年)

**男子3回転アクセル**
ヴァーン・テイラー
(カナダ・1978年)

**女子3回転アクセル**
伊藤みどり
(日本・1988年)

※イラストはジャンプ直前のものです

第 2 章 ｜ ルールと採点

ジャンプ
# ルッツ

省略表記は 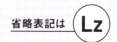 **Lz**

見分けポイント
## 「踏み切る瞬間、左足が外側に倒れる」

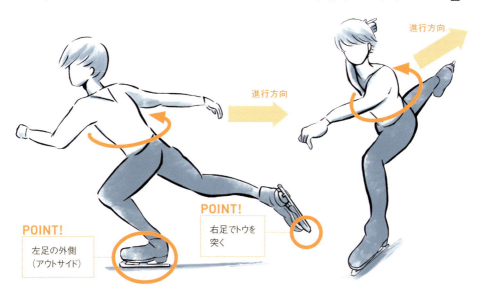

**POINT!**
左足の外側（アウトサイド）

**POINT!**
右足でトウを突く

　アクセル以外の5つのジャンプはすべて後ろ向きに踏み切ります。そのなかでは、ルッツとフリップの見分けがもっとも難しいもの。どちらも右足のトウ（つま先）を突いて跳び上がるのですが、「踏み切る瞬間の左足（靴のあたり）が外と内のどちらに倒れているか」が区別ポイント。「左足が外側に倒れる」のがルッツです。

　選手によって跳び方はさまざまですが、「長く後ろ向きにまっすぐ滑ってきてぐっと踏み込んで跳んだらルッツ」「ジャンプの前にちょんと後ろ向きになってすぐに跳んだらフリップ」であることが多いです。

### 公式戦で初成功した選手

**初成功**
アロイス・ルッツ（オーストリア・1913年）

**男子4回転ルッツ**
ブランドン・ムロズ（アメリカ・2011年）

**女子4回転ルッツ**
アレクサンドラ・トゥルソワ（ロシア・2018年）

33

| ジャンプ |
|---|

# フリップ

省略表記は (F)

| 見分けポイント |
|---|

## 「踏み切る瞬間、左足が内側に倒れる」

**POINT!** 右足でトウを突く

進行方向

**POINT!** 左足の外側（インサイド）

※イラストはジャンプ直前のものです

ルッツとともに、見分けにくいジャンプの「フリップ」。右足を後ろに伸ばしてトウを突いて跳び上がる、そのときの左足（靴のあたり）がインサイドエッジになっている（内側に倒れている）、つまり、イラストのように、跳ぶ瞬間の重心が内側にあるように見えたら「フリップ」、P33のように外側に見えたら「ルッツ」です。

コンビネーションジャンプで、1つ目のジャンプを降りるやいなや「ピョン」としてから、すぐに2つ目のジャンプ（正確には3つ目なのですが、見た目には2つ目に見えます）を跳んだとき、その「ピョン」の後のジャンプの踏み切りで、右足のトウを突いたらフリップです。宇野昌磨選手がフリーで跳ぶことが多いジャンプですが、これは見分けやすいといえます。

### 公式戦で初成功した選手

**初成功**
不明（1913年にブルース・メイプスが跳んでいた記録はある）

**男子4回転フリップ**
宇野昌磨（日本・2016年）

**女子3回転フリップ**
カタリーナ・ヴィット（東ドイツ・1981年）とマヌエラ・ルービン（西ドイツ・1981年）

第 2 章 | ルールと採点

> ジャンプ

# ループ

省略表記は **Lo**

> 見分けポイント

## 「両足が縦に並んだところで、踏み込む」

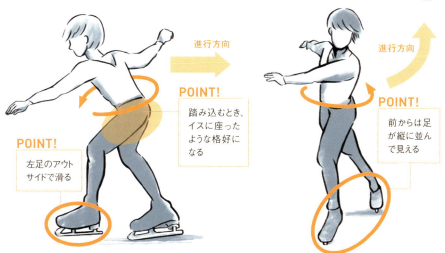

**POINT!** 左足のアウトサイドで滑る

**POINT!** 踏み込むとき、イスに座ったような格好になる

**POINT!** 前からは足が縦に並んで見える

トウで蹴り上げるタイプのジャンプではないので、ブレード（スケートの刃）を氷につけたまま跳び上がりますが、左右の足が縦に（前後に）並ぶようなポジションになったところで、グッと腰を落として踏み込んで跳び上がるのがループです。踏み込むときのポジションが「腰かけ姿勢」にも見えるのですが、浅い踏み込みのまま跳ぶ選手は、それほど腰かけているように見えません。

ただ、見分けやすいループもあります。コンビネーションジャンプで前のジャンプを降りて2つ目（もしくは3つ目）のジャンプを踏み切るとき、トウをつかな

かったら、それはループです。前のジャンプを降りたその右足で跳び上がってループを跳ぶので、ループをコンビネーションの後ろにつけるのは難易度が高くなります。

### 公式戦で初成功した選手

**初成功**
ヴェルナー・リットベルガー（ドイツ・1910年）

**男子4回転ループ**
羽生結弦（日本・2016年）

**女子3回転ループ**
ガブリエル・ザイフェルト（東ドイツ・1968年）

35

> ジャンプ

# サルコウ

省略表記は **S**

> 見分けポイント

## 「踏み切る瞬間、ヒザ下が『ハ』の字に」

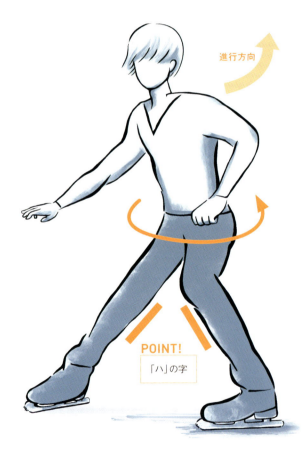

進行方向

POINT!
「ハ」の字

※イラストはジャンプ直前のものです

「サルコウ」は、ループと同じく、トウを突かないタイプのジャンプです。

踏み切る瞬間、トウを突きそうになかったら、すぐにヒザ下に注目。「ハ」の字になっていたらサルコウで、両足が縦に並んでいたらループです。

サルコウは、6つのジャンプのなかで2番目に簡単で、エッジジャンプのなかではもっとも簡単だとされています。そのため、トウジャンプよりエッジジャンプのほうが得意な選手は、「4回転トウループではなく4回転サルコウを跳ぶ」ということも少なくありません。

### 公式戦で初成功した選手

**初成功**
ウルリッヒ・サルコウ（スウェーデン・1909年）

**男子4回転サルコウ**
ティモシー・ゲーブル（アメリカ・1998年）

**女子4回転サルコウ**
安藤美姫（日本・2002年）

第 2 章 | ルールと採点

ジャンプ
# トウループ

省略表記は **T**

見分けポイント
## 「左足のトウを突く」

進行方向

POINT!
左足でトウを突く

※イラストはジャンプ直前のものです

　左足を後ろに伸ばし、トウを突いて跳び上がったら、トウループです。左回り（時計と反対回り）のジャンプを跳ぶのに、左足のつま先で蹴り上げるのは、とても自然な流れ。そのため、難易度はもっとも低いとされています。

　多くの選手が4回転で跳ぶのは、このトウループです。また、コンビネーションジャンプの2つ目や3つ目としても、トウループはよく見られます。

### 公式戦で初成功した選手

**初成功**
ブルース・メイプス
（アメリカ・1920年）

**男子4回転サルコウ**
カート・ブラウニング
（カナダ・1988年）

**女子4回転サルコウ**
アレクサンドラ・トゥルソワ
（ロシア・2018年）

37

> ジャンプ

# ジャンプの基礎点

## ✲ ジャンプそれぞれに点数（基礎点）がある

　ジャンプやスピン、ステップシークエンスというエレメンツ（要素）には、それぞれの難易度に合わせて、1つひとつ「基礎となる点数」として「基礎点」が決められています。

　例えば、3回転トウループの基礎点は4.20点、4回転トウループの基礎点は9.50点……という具合です。「4回転トウループ＋3回転トウループ」のコンビネーションの場合は、そのままそれぞれの基礎点を足すので、「9.50＋4.20＝13.70点」が基礎点となります。

　オイラーを含む3連続のコンビネーションジャンプも、「4回転トウループ＋1回転オイラー＋3回転サルコウ」なので、3つのジャンプの基礎点を足して、「9.50＋0.50＋4.30＝14.30点」と、同じ仕組みで点数が出ます。

38

第2章 | ルールと採点

## ✳ 高難易度＝高い基礎点

　下表を見ると、ジャンプの「回転数」と「種類」によって、基礎点が変わることがわかります。回転数が多いほうが難しいことはわかりますが、種類によっても基礎点が違う（＝難易度が違う）のはなぜなのでしょうか。

　例えば、4回転アクセル（まだ公式戦で成功させた選手はいません）と、次に難しいとされている4回転ルッツの差は「12.50－11.50＝1.0点」ありますが、4回転サルコウと4回転トウループには「9.70－9.50＝0.2点」しか差がありません。この差の数値の違いも気になるところです。詳しくは次のページで解説します。

### ● ジャンプの基礎点（2019-20シーズンのもの）

（点）

|  | 4回転<br>（クワドラプル） | 3回転<br>（トリプル） | 2回転<br>（ダブル） | 1回転<br>（シングル） |
|---|---|---|---|---|
| アクセル（A） | 12.50 | 8.00 | 3.30 | 1.10 |
| ルッツ（Lz） | 11.50 | 5.90 | 2.10 | 0.60 |
| フリップ（F） | 11.00 | 5.30 | 1.80 | 0.50 |
| ループ（Lo） | 10.50 | 4.90 | 1.70 | 0.50 |
| サルコウ（S） | 9.70 | 4.30 | 1.30 | 0.40 |
| トウループ（T） | 9.50 | 4.20 | 1.30 | 0.40 |

※オイラー（Eu）は0.50点

## ジャンプの基礎点

### ✳ アクセルは高得点

　どの回転数でももっとも基礎点が高いのは「アクセル」です。ジャンプはすべて後ろ向きに降ります。そのなかで、アクセルだけは前向きに踏み切るため、ほかのジャンプより「半回転多く回る」からです。
　前向きに踏み切ると、跳ぶ先が見えるため、かえってこわく感じて、アクセルに苦手意識を持つ選手も少なくありません。
　そうしたこともあり、アクセルだけ飛び抜けて得点が高くなっています。

### ✳ 見た目は似ているが、点数は大きく違う

　ルッツとフリップは見た目がとても似たジャンプです。踏み切りのときの左足が、外側（アウトサイド）ならルッツ、内側（インサイド）ならフリップです。見分けがつきにくいほど似ているのに、この2つのジャンプの基礎点には大きな差があります。
　実は、この2つのジャンプは全然違うのです。フリップでは、最後に左足が内側（インサイド）になります。ということは、最後の身体の向きが左回りになっているということ。ジャンプの回転も左回りなので、自然な流れで跳べます。
　ところがルッツは、最後は外側（アウトサイド）になり、身体は右回りに動こうとします。その流れをグイッと断ち切って左回りに跳ぶので、難易度が高くなるのです。

第2章 ルールと採点

## ✱ 難易度に大きな差がないサルコウとトウループ

　どの回転数でも、「サルコウ」と「トウループ」との間にはあまり点差がありません。これは、サルコウもトウループも、ジャンプの助走やジャンプに入る回転の向きを利用して、自然な流れで跳べるジャンプだからです。
　サルコウは回転する力を使いながら跳び上がり、トウループは左回りに身体を回転させたところで左足のトウを突いてジャンプします。どちらも流れがスムーズなので、難易度が低い（＝基礎点が低いジャンプ）となります。

### ● エッジジャンプとトウジャンプ

　スケートの刃（ブレード）は、アルファベットの「U」をひっくり返したような形になっています。スケーターたちは、下図のように「U字」のとがった部分を使って滑っています。そのとがった部分のうち、内側を「インサイドエッジ」、外側を「アウトサイドエッジ」と呼んでいます。インサイドとアウトサイドのエッジをさまざまに使い分けることで、美しく巧みなエッジワークを見せるのです。
　6つのジャンプは、「エッジジャンプ」と「トウジャンプ」の2種類に分けることができます。「トウジャンプ」は、トウを突くジャンプで、トウループ、フリップ、ルッツの3つ。「エッジジャンプ」はトウを突かないジャンプで、サルコウ、ループ、アクセルの3つです。

　選手によって「トウジャンプのほうが得意」といった得手不得手があります。サルコウとトウループは、エッジジャンプとトウジャンプのそれぞれのなかで、もっとも難易度が低いという位置づけなので、難しさにあまり差はないものと考えていいでしょう。

|  | エッジジャンプ | トウジャンプ |
|---|---|---|
| ジャンプ | ・アクセル<br>・ループ<br>・サルコウ | ・ルッツ<br>・フリップ<br>・トウループ |
| 踏み切り | エッジで踏み切る | トウを突く |

41

> ジャンプ

# ジャンプの回転不足

## ✳ 回転不足にも種類がある

　テレビの解説者が「このジャンプは回転不足ですね」と言うのを聞くと、なんとなく、「予定していたジャンプより少ない回転数で着氷したのかな」と想像できると思います。おおまかに言えばそれで正解ですが、実は「回転不足」のほかに、「ダウングレード」や「アンダーローテーション」など、似たような意味を持つ言葉があります。この違いがわかるようになると、「フィギュアスケート通」度が格段に高まります。

## ✳ 回転不足の原因

　ジャンプを跳ぶと、次のようなことが起こります。「**転倒**してしまった」「右足だけで降りたかったのに**両足着氷**になってしまった」「右足で降りた瞬間にバランスを取り切れずに左足をついてしまった（**ステップアウト**）」「右足で降りたけれど回転を止められずに右足が氷に着いたまま回ってしまった（**オーバーターン**）」「一瞬手をついてしまった（**お手つき**）」。
　こうしたことがジャンプの着氷時に起こることによって、回転不足が起こります。

## ✳︎ 回転不足を見極める

「回転不足」を知るためには、「回転が足りているジャンプ」を知ることが先決です。まずは、踏み切ったときに「最後に氷と接していたときのブレードの向き（A）」を見ます。

そして、ジャンプの着氷に注目。今度は「最初に氷と接したときのブレードの向き（B）」を確認します。（A）と（B）が同じであれば、それは「回転が足りているジャンプ」です（アクセルの場合は「＋半回転」になります）。

それ以外のものは、「回転が足りていない」か「回りすぎている」かのどちらかです。回りすぎることはそれほど問題ではありませんが、「回転が足りていないジャンプ」は「足りてない」ので問題になります。

ただ、（B）を見極めるのは本当に難しいもの。回転が足りているジャンプに見えても、トウだけが先に氷について、「ぐりん」と少し回ってからブレード全体で降りたら、回転不足のジャンプとなります。テレビ放送を観ながら、自分で「この位置で踏み切って、この位置で降りてきた」と確認し、解説者の言葉と照らし合わせて、目を肥やしていくのが見極めへの近道です。さらに、元選手やスケートを長く見ているファンなどは、着氷したときの流れや身体の動き（フリーレッグの巻きつき加減）などからも、回転不足を見極められます。ここまで来たら、相当のスケート通といえます。

## ジャンプの回転不足

### ✲ 回転不足判定

「厳密には回転は足りていないけれど、あと少しで足りるようなジャンプ」、例えば、予定より1/4回転足りないところまでのジャンプは、回転が足りているジャンプだと認定した基礎点でカウントされます。（右の図Ⓐ）

また、1/4回転〜1/2回転足りていないジャンプは、「アンダーローテーション（回転不足、UR）」として、プロトコル（P72参照）上では「＜」マークがつき、基礎点は80％としてカウントされます。（右の図Ⓑ）

さらに、1/2回転以上足りていないジャンプは、「ダウングレード（DG）」として、「＜＜」マークがつき、予定していたものより1つ下の回転数のジャンプの基礎点が採用されてきました。（右の図Ⓒ）

さらに2019-20シーズンからは、3/4〜1回転足りていないジャンプは、表記するときに「3T」とすることが新しく決められました。（右の図Ⓓ）

「ジャンプミスもないよい演技に見えたのに、思ったより点数が低かった」という印象を持つことがあるかもしれませんが、それは、このジャンプの回転不足判定が関係していることもあります。詳しくはP100で改めて説明します。

### Ⓐ 予定より1/4回転足りないところまでのジャンプ
### →回転数は認定（表記:4T）

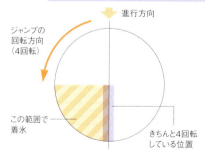

回転数は、予定していたジャンプのものを認める。例えば、4回転を跳ぶつもりが、3回転と3/4回転になっても、「4回転の基礎点」でカウントする。

## Ⓑ 1/4〜1/2回転足りないジャンプ
### →アンダーローテーション（UR）（表記:4T<）

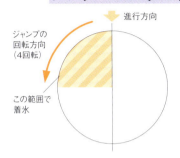

アンダーローテーション（UR）として、「<」マークがつき、基礎点は元の基礎点の80％に。

## Ⓒ 1/2〜3/4回転足りないジャンプ
### →ダウングレード（DG）（表記:4T<<）

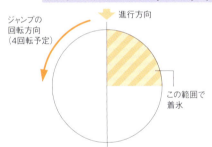

ダウングレード（DG）として「<<」マークがつき、基礎点は、予定より1回転分少ないものに。例えば、4回転を跳ぶつもりが、3回転と1/4回転で降りたら、表記は「4T<<」となり、「3回転の基礎点」でカウントする。

## Ⓓ 3/4回転より多く足りないジャンプ
### →ダウングレード（DG）（表記:3T）

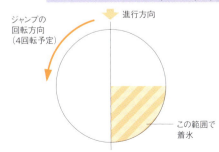

Ⓒと同じくダウングレード（DG）だが、回転数がより足りないため、表記も「3T」となり、「3回転の基礎点」でカウントする（2019-20シーズンより決められた）。

ジャンプ

# ジャンプの「GOE」

## ✳ ジャンプの出来を点数化する「GOE」

　ジャンプにはそれぞれ「基礎点」があり、跳んだジャンプによって点数が出ることは述べましたが（P38参照）、実はジャンプの採点にはもう1段階あります。それは実際に跳んだジャンプの出来を数値化して、それを基礎点に加減するという作業です。

　その、ジャンプの出来を判定するのが「GOE（Grade of Execution）」と呼ばれるものです。テレビ解説では「（ジャンプの）出来栄え点」と言い換えられていることもあります。

**基礎点** ＋ **GOE（出来栄え点）** ＝ **そのジャンプの得点**

　GOEというのは、ジャンプを跳ぶたびに、ジャッジが「これは+4」「これは−2」というように判定して出しています。

　ちなみに、GOEはジャンプだけでなく、スピン（P53参照）やステップシークエンス（P64参照）といったエレメンツにもそれぞれあります。それぞれのエレメンツのたびに、「+5」〜「−5」までの全11段階で、そのエレメンツの出来具合が判定されます。

### ● ジャンプのGOE

|  | -5 (-50%) | -4 (-40%) | -3 (-30%) | -2 (-20%) | -1 (-10%) |
|---|---|---|---|---|---|
| 4回転アクセル | -6.25 | -5.00 | -3.75 | -2.50 | -1.25 |
| 4回転ルッツ | -5.75 | -4.60 | -3.45 | -2.30 | -1.15 |
| 4回転フリップ | -5.50 | -4.40 | -3.30 | -2.20 | -1.10 |
| 4回転ループ | -5.25 | -4.20 | -3.15 | -2.10 | -1.05 |
| 4回転サルコウ | -4.85 | -3.88 | -2.91 | -1.94 | -0.97 |
| 4回転トウループ | -4.75 | -3.80 | -2.85 | -1.90 | -0.95 |
| 3回転アクセル | -4.00 | -3.20 | -2.40 | -1.60 | -0.80 |
| 3回転ルッツ | -2.95 | -2.36 | -1.77 | -1.18 | -0.59 |
| 3回転フリップ | -2.65 | -2.12 | -1.59 | -1.06 | -0.53 |
| 3回転ループ | -2.45 | -1.96 | -1.47 | -0.98 | -0.49 |
| 3回転サルコウ | -2.15 | -1.72 | -1.29 | -0.86 | -0.43 |
| 3回転トウループ | -2.10 | -1.68 | -1.26 | -0.84 | -0.42 |

第2章 | ルールと採点

## ●計算方法

エレメンツ1つひとつに対して、GOEが0だったら±0点、＋1だったら基礎点の10％をプラス、＋2だったら基礎点の20％をプラス、－1だったら基礎点10％をマイナス、－2だったら基礎点の20％をマイナス、という計算方法になります。

〈計算例〉「4回転トウループでGOE＋2」だった場合

**4回転トウループ** 9.50 ＋ **GOE＋2** 1.90 ＝ **11.40点**

| 基礎点 | +1 (+10%) | +2 (+20%) | +3 (+30%) | +4 (+40%) | +5 (+50%) |
|---|---|---|---|---|---|
| 12.50 | +1.25 | +2.50 | +3.75 | +5.00 | +6.25 |
| 11.50 | +1.15 | +2.30 | +3.45 | +4.60 | +5.75 |
| 11.00 | +1.10 | +2.20 | +3.30 | +4.40 | +5.50 |
| 10.50 | +1.05 | +2.10 | +3.15 | +4.20 | +5.25 |
| 9.70 | +0.97 | +1.94 | +2.91 | +3.88 | +4.85 |
| 9.50 | +0.95 | +1.90 | +2.85 | +3.80 | +4.75 |
| 8.00 | +0.80 | +1.60 | +2.40 | +3.20 | +4.00 |
| 5.90 | +0.59 | +1.18 | +1.77 | +2.36 | +2.95 |
| 5.30 | +0.53 | +1.06 | +1.59 | +2.12 | +2.65 |
| 4.90 | +0.49 | +0.98 | +1.47 | +1.96 | +2.45 |
| 4.30 | +0.43 | +0.86 | +1.29 | +1.72 | +2.15 |
| 4.20 | +0.42 | +0.84 | +1.26 | +1.68 | +2.10 |

# ジャンプの「GOE」とは

## ✳︎ミスした4回転より、3回転のほうが得点高い!?

　ジャンプの出来も採点するため、4回転でミスした場合より、質のよい3回転を成功させたほうが高得点になる場合も出てきます。

　例えば、4回転トウループで転倒した場合、転倒はGOE－5なので、「9.50－4.75＝4.75点」(P46参照)になります。3回転トウループでとてもよいジャンプを跳んでGOE＋5の判定を受けた場合は、「4.20＋2.10＝6.30点」となり、後者のほうが高得点となります。

|  | 4回転トウループで転倒 | 質のよい3回転トウループを着氷 |
|---|---|---|
| 基礎点 | 9.50点 | 4.20点 |
| GOE | -5 －4.75点 | +5 ＋2.10点 |
| ジャンプの得点 | 4.75点 | 6.30点 |

　こうした点数を見ると、「難しいことに挑戦して失敗したジャンプより、やさしくても質のよいジャンプを評価する」という、現在の国際スケート連盟の思いが感じられます。

　選手たちは、こうしたことも考慮して、どういったジャンプ構成を組むのかを検討しています。

第2章 ルールと採点

## ✳ GOEの「＋」や「－」はどうつけられる？

試合での演技の出来によって、GOEは変わってきます。GOEは、ジャッジがそのジャンプを見たその場でつけていますが、「だいたい＋3くらい」という感覚でつけているわけではありません。以下のような「＋」や「－」の基準があり、それにしたがって、ジャッジそれぞれが判断しているのです。

### ● 「GOE＋」の基準

**1** 高さと距離がある

**2** きちんとした踏み切りと着氷

**3** 無駄な力がない

**4** 創造的な入り方（ステップなどから跳ぶ、など）

**5** 踏み切りから着氷までの姿勢がよい

**6** 音楽に合っている

※1つ基準が満たされれば＋1、2つなら＋2……というカウントがされます。ただし、＋4と＋5にするためには**1 2 3**が必ず満たされている必要があります。

### ● 「GOE－」の基準

| -5 | 転倒<br>（ショートに限り）認められていないジャンプを入れたとき |
| --- | --- |
| -4 ～ -3 | 両足着氷　ステップアウト、ルッツとフリップの踏み切り間違い、ダウングレード（<<）（P44参照） |
| -3 ～ -2 | 両手つき |
| -3 ～ -1 | フリップとルッツのエッジがあやうい<br>スピードや高さ、距離、姿勢などが美しくない　など |

49

# スピン

## ✳ スピンの回数

1つの場所でグルグルと回る技、それが「スピン」です。回転しながら、腰を落としたり、軸足を変えたり、スピードを変化させたりすることで、さまざまなバリエーションが生まれます。

ジャンプと同様、スピンもプログラムのなかで数が決められています。ショートプログラムでは3つ、フリーでは最大3つです。

| ショートプログラム | フリー |
|---|---|
| **3つ** | **最大3つ** |
| （コンビネーションスピン／フライングスピン／単一姿勢のスピン） | （3つのスピンは違う種類で） |

### ● スピンの難しさ

スピンには「何秒回る」といったルールはありません。そのため、好きなだけ長く、いろいろなポジションで魅せることも、ルール上は可能です。ただ、プログラムの演技時間があるので、ジャンプやステップシークエンスなどでかかる時間から逆算すると、スピンも必要最低限の要素を見せて次へという流れになることが多いです。

また、スピンはその場を動かないので、「もしかして休んでいるの？」と思われることもありますが、そんなことはありません。スピンをよく見ると、回転速度をキープしながら、片足で腰を落としたり立ち上がったり、いろいろなポジションを取ったりと、陸上で回転しない状況で真似してみてもかなり難しいことをやっているとわかります。それを氷の上で、細いブレードに乗って回転しながら、軸をブラさずに行うのですから、スピンも相当なエネルギーを使うエレメンツなのです。

第2章 | ルールと採点

## ✻ スピンの種類

　スピンにはたくさんのポジションがありますし、選手の柔軟性によってはまだまだ新しいポジションのスピンが生まれる可能性もあります。
　スピンの種類は、大きく分けると次の4つになります。

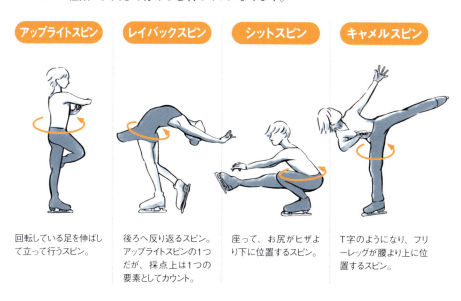

| アップライトスピン | レイバックスピン | シットスピン | キャメルスピン |
|---|---|---|---|
| 回転している足を伸ばして立って行うスピン。 | 後ろへ反り返るスピン。アップライトスピンの1つだが、採点上は1つの要素としてカウント。 | 座って、お尻がヒザより下に位置するスピン。 | T字のようになり、フリーレッグが腰より上に位置するスピン。 |

　「アップライトスピン」や「シットスピン」などのなかにもそれぞれたくさんのスピンがありますので、P54以降で紹介します。

### ● コンビネーションスピンと「足換え」

　「コンビネーションスピン」というのは、2つ以上の種類のスピンを組み合わせることです。例えば、最初はアップライトスピンで次第にシットスピンになって……というようなものになります。
　また、「足換えコンビネーションスピン」や「足換えシットスピン」など、「足換え」という言葉を聞いたことがあるかもしれませんが、「足換え」は「(氷に着いている)軸足をもう片方の足に変える」ことを指しています。

51

# スピンの基礎点、レベル、GOE

## ✴ レベルの判定

　スピンもジャンプと同様に、種類によって1つひとつ基礎点が決められていて、その出来栄えによってGOEが「＋5」〜「－5」の11段階で評価されます。

　ジャンプには4回転や3回転といった難易度がありましたが、スピンの難易度に当たるのが「レベル」です。レベルには「ベーシック」〜「レベル4」までの5段階があり、「レベル4」が最高難度とされ、基礎点ももっとも高く設定されています。

　P53の表のようにレベル判定の基準が設定されており、その基準を1つ満たすと「レベル1」、2つ満たすと「レベル2」と判定されます。

● スピンの基礎点

|  | 単一姿勢 |  | フライングスピン | 足換え | スピンコンビネーション |  |
|---|---|---|---|---|---|---|
|  | レイバック | キャメル | キャメル | レイバック | 足換えなし | 足換えあり |
| レベル4 | 2.70 | 2.60 | 3.20 | 3.20 | 3.00 | 3.50 |
| レベル3 | 2.40 | 2.30 | 2.80 | 2.90 | 2.50 | 3.00 |
| レベル2 | 1.90 | 1.80 | 2.30 | 2.40 | 2.00 | 2.50 |

● スピンのGOE

|  |  | -5 (-50%) | -4 (-40%) | -3 (-30%) | -2 (-20%) |
|---|---|---|---|---|---|
| 単一姿勢 | レイバック／レベル4 | -1.35 | -1.08 | -0.81 | -0.54 |
|  | キャメル／レベル4 | -1.30 | -1.04 | -0.78 | -0.52 |
| フライング | キャメル／レベル4 | -1.60 | -1.28 | -0.96 | -0.64 |
| 足換え | レイバック／レベル4 | -1.60 | -1.28 | -0.96 | -0.64 |
| コンビネーション | 足換えなし／レベル4 | -1.50 | -1.20 | -0.90 | -0.60 |
|  | 足換えあり／レベル4 | -1.75 | -1.40 | -1.05 | -0.70 |

第2章 | ルールと採点

## ● レベル判定の基準

- ・ジャンプによる足換え
- ・スピンのなかで足を換えずに行われるジャンプ
- ・足を換えないまま、難しいポジションを変える
- ・難しい入り方
- ・足換え後、シット、キャメル、アップライトの3つのポジションを見せること
- ・シットまたはキャメルでの、ただちに続けて行う両方向のスピン　　　など

※1つ該当すれば「レベル1」、2つなら「レベル2」……と判定されます。

# ✳ GOEの判定

## ● 「GOE＋」の基準

❶ 回転が速い　　　　　　　　　　❹ 回転軸がぶれない
❷ コントロールされた明確な姿勢　　❺ オリジナリティがある
❸ 無駄な力がない　　　　　　　　❻ 音楽に合っている

※1つ基準が満たされれば＋1、2つなら＋2……というカウントがされます。ただし、＋4と＋5にするためには❶❷❸が必ず満たされている必要があります。

## ● 「GOE−」の基準

| -5 | 転倒 |
|---|---|
| -3 ～ -1 | 回転速度が遅い／遅くなる、足換えがスムーズでない、<br>必須回転数に足りない、軸が流れる　など |

| -1（-10%） | 基礎点 | +1（+10%） | +2（+20%） | +3（+30%） | +4（+40%） | +5（+50%） |
|---|---|---|---|---|---|---|
| -0.27 | 2.70 | +0.27 | +0.54 | +0.81 | +1.08 | +1.35 |
| -0.26 | 2.60 | +0.26 | +0.52 | +0.78 | +1.04 | +1.30 |
| -0.32 | 3.20 | +0.32 | +0.64 | +0.96 | +1.28 | +1.60 |
| -0.32 | 3.20 | +0.32 | +0.64 | +0.96 | +1.28 | +1.60 |
| -0.30 | 3.00 | +0.30 | +0.60 | +0.90 | +1.20 | +1.50 |
| -0.35 | 3.50 | +0.35 | +0.70 | +1.05 | +1.40 | +1.75 |

53

> スピン

# アップライトスピン

スピンの種類　アップライト系

> 見分けポイント

## 「立って回るスピン」

英語の「uplight（直立していること）」が示すように、アップライトスピンは、氷に着いている側のヒザを曲げずに立って行うスピンです。立った姿勢でも、左足で立っているときと右足で立っているときでは、動きや足の位置が変わってくるので、それぞれに名前がついています。そうしたバリエーションになると、ヒザが曲がる姿勢のものもありますが、基本的に立って行うということには変わりありません。

プログラムの最後に、立ったままギューッとスピードを上げて回るスピンを見たことがあるかもしれませんが、あれは「バックスクラッチスピン」と呼ばれています。アップライトスピンの一種で、左足で立って回るスピンです。

第 2 章 | ルールと採点

> スピン

# I字スピン

スピンの種類　アップライト系

> 見分けポイント

## 「フリーレッグをまっすぐ頭上に」

　足を身体の前で持って、そのまままっすぐ頭上に持ち上げるスピンが、I字スピンです。足を180度開いた状態の足がアルファベットの「I」字に見えることから、こう呼ばれるようになりました。身体のやわらかさが求められるスピンです。

　左のイラストよりさらに左足をグッと持ち上げて、左右の足がまっすぐ1本になったようなスピンは「キャンドルスピン」と呼ばれ、ユリア・リプニツカヤというスケーターが得意にしていました。

55

> スピン

# レイバックスピン

スピンの種類　レイバック系

> 見分けポイント

## 「後ろに反った形」

　後ろに反り返っているポジションのスピンが、レイバックスピンです。腰や背中を反らせる柔軟性が求められます。とても華やかなポジションなので、フィギュアスケートのピクトグラムなどにもよく使われます。
　本来はアップライトスピンの一種なのですが、採点上では「レイバックスピン」という1つの要素としてジャッジされています。女子選手のレイバックスピンをよく目にしますが、髙橋大輔選手などは、レイバックスピンを効果的に使っています。
　キャロライン・ジャンという選手は、イラストのように後ろに反った形から足をつかみ、そのまま頭上まで持ち上げる「パールスピン」という技も見せていました。

第 2 章 ｜ ルールと採点

> スピン

# ビールマンスピン

スピンの種類　レイバック系

> 見分けポイント

## 「フリーレッグを頭上で持つ」

　氷に着いていないほうの足を、身体の後ろからグッと手で引っ張り上げて、頭上まで持って行くのがビールマンスピンです。柔軟性が求められ、このポジションになりにくい骨格の選手もいることから、すべての選手ができる技ではありません。

　とくに、筋肉をつけると柔軟性が損なわれがちなので、ほとんどの男子選手はビールマンスピンができませんが、羽生結弦選手などは試合でこの技を入れています。

　選手によっては、片手で軽々とビールマンポジションになったり、ビールマンスピンを終えたと思ったらそのまま軸足を換えて、もう片方の足でもビールマンスピンを見せたりして、会場を沸かせることもあります。ビールマンポジションになったときの身体の形が、選手によってさまざまなので、その形を見比べるのもおもしろいかもしれません。

> スピン

# シットスピン

スピンの種類　シット系

> 見分けポイント

# 「座った姿勢で」

　片足になって座ったポジションになるのがシットスピンです。座ったときのお尻の位置が、軸足（曲げている足）のヒザの位置より低くならないと、「シットスピンのポジションになった」と認定されません。
　シットスピンにもさまざまなポジションがあります。基本は、背中をピンと伸ばして、フリーレッグ（氷に着いていないほうの足）をまっすぐ前に伸ばす姿勢ですが、そのほかのポジションでも、座って、軸足のヒザがお尻より下に位置するスピンはすべて、シットスピンのバリエーションとなります。

第 2 章 ｜ ルールと採点

# キャノンボール

スピンの種類　シット系

> 見分けポイント

## 「フリーレッグを前に出して上体を伏せる」

　シットスピンの基本の姿勢から、前に出した足を手で持って、上体を前に倒して回るのが、キャノンボールです。英語で「キャノンボール（canonball）」は「弾丸」の意味ですが、このキャノンボールは、弾丸というよりは、「canon（大砲）」の形に似ているところから、こう呼ばれるようになったようです。

59

> スピン

# キャメルスピン

スピンの種類　キャメル系

> 見分けポイント

## 「『T』字になるスピン」

　横から見ると、アルファベットの「T」字のように見えるのがキャメルスピンです。フリーレッグは、腰よりも上に位置させないと、キャメルスピンだと認定されません。キャメルスピンは、遠心力で外に引っ張られる力が大きく働くため、軸がぶれやすくなります。速く回れるのは上手なキャメルスピンの証拠です。

　「T」字になりながらも、「下向き」「横向き」「上向き」の3バージョンがありますが、これらは、おへその位置によって区別することができます。

第 2 章 ｜ ルールと採点

スピン

# ドーナツスピン／キャッチフットスピン

スピンの種類　キャメル系

見分けポイント

## 「フリーレッグを反対の手でつかむ」

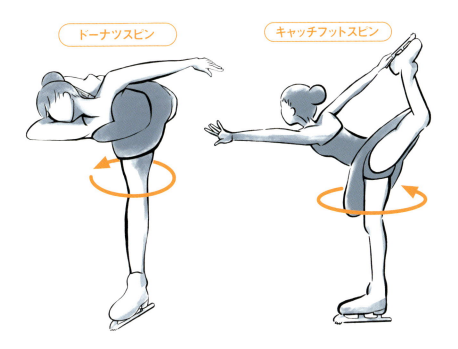

ドーナツスピンもキャッチフットスピンも、キャメルスピンのバリエーションです。

ドーナツスピンは、キャメル姿勢からフリーレッグを曲げて、反対の手で持った姿勢のスピンです。上から見たときに、ドーナツのように見えることから名づけられました。

また、キャッチフットスピンは、ドーナツスピンと同じように、フリーレッグを反対の手でつかみ、そのあと、高いところまで引っ張り上げたポジションのスピンです。

61

ステップシークエンス

# ステップシークエンス

## ✳ 点数化される3つ目の要素

　基礎点が設定されて点数化される要素には「ジャンプ」「スピン」のほかにもう1つ、「ステップシークエンス」と「コレオグラフィックシークエンス（ステップシークエンスの一種）」があります。どちらも、ステップで表現する一連の流れのパートを指します。

　「コレオグラフィックシークエンス」は、より自由でオリジナリティを感じさせるためのもの。そのため、「コレオグラフィックシークエンス」にはレベル判定がありません。全選手が同じ基礎値（3.0点）を持っていて、GOEで点数が変わってきます。

### ● プログラム内のシークエンスの数

| ショートプログラム | フリー |
| --- | --- |
| ● ステップシークエンス1つ | ● ステップシークエンス1つ<br>● コレオグラフィックシークエンス1つ |

第2章 ルールと採点

　そもそも、ステップシークエンスとはなにを指すのか、少しわかりにくいかもしれません。「ステップ」という言葉には、以下のように2種類の意味合いがあることを知っておくといいでしょう。

## ● "ステップ" シークエンス

　「ステップシークエンス」とは、そのステップとターンをたくさん組み合わせて「シュッシュッ」と向きを変えながら、ある一定の距離を進んでいく一連の流れのことになります。

　それも、リンク全体を十分にカバーしているかとか、おもしろいパターンで滑っているか、という点も求められています。こうした「ステップシークエンス」が、プログラムの要素として、基礎点やGOEで得点化されるのです。「ステップシークエンス」を略して「ステップ」と呼んでいるため、「フットワークの"ステップ"」と混乱しがちです。

　ステップシークエンスは、いかに多くの種類のステップやターンを、正確に行ったかということで採点されます。前述したように、ステップやターンといったフットワークを見分けるのは難しいので、ステップシークエンスのレベル判定を確認するのは、大変難しいものになります。

## ● ステップシークエンスなどの、フットワークの "ステップ"

　「トウステップ」とか「モホーク」といった言葉を耳にしたことがあるかもしれませんが、これらは「フットワーク（ステップ、ターン）」の「ステップ」です。フットワークとは、向きを変える足の技のこと（ステップは、両足で行うので踏み換えているように見える。ターンは、片足で行う）。ステップもターンもそれぞれ6種類ありますが、これらを見分けるのは観戦上級者でも難しいものです。まずは「向きを変えるのにもいろいろな足技がある。それをフットワーク（ステップやターン）と呼ぶ」と覚えておくといいでしょう。

> ステップシークエンス

# ステップシークエンスの基礎点、レベル、GOE

## ✳ レベルの判定

　ステップシークエンスは、レベル（「ベーシック」～「レベル4」までの5段階）に合わせて基礎点が決められていて、その出来栄えによってGOEが「＋5」～「－5」の11段階で評価されます。これはジャンプやスピンと同じです。

　その「レベル」判定にも基準がありますが、これはなかなか難しいので、参考に目を通しておく程度でいいでしょう。

### ● レベル判定の基準

- ステップシークエンスの中のステップとターンが、複雑（少なくとも11個→レベル4）、多様（少なくとも9個→レベル3）……というように組み合わされている
- 右回り、左回りを、ステップシークエンス全体の少なくとも1/3ずつは入れる
- ステップシークエンス全体の少なくとも1/3で、腕や頭、胴体、ヒップ、脚などをはっきりと使っている
- 難しいターンが3つ連続して組み合わせたもの（クラスター）を入れる。難しいターンとは、ブラケット、カウンター、ロッカー、ツイズル、ループの5種　など

※1つ該当すれば「レベル1」、2つなら「レベル2」……と判定されます。

### ● ステップシークエンスとコレオグラフィックシークエンスの基礎点とGOE

| | | -5 -50% | -4 -40% | -3 -30% | -2 -20% | -1 -10% | 基礎点 | +1 +10% | +2 +20% | +3 +30% | +4 +40% | +5 +50% |
|---|---|---|---|---|---|---|---|---|---|---|---|---|
| ステップ シークエンス | レベル 4 | -1.95 | -1.56 | -1.17 | -0.78 | -0.39 | 3.90 | +0.39 | +0.78 | +1.17 | +1.56 | +1.95 |
| | レベル 3 | -1.65 | -1.32 | -0.99 | -0.66 | -0.33 | 3.30 | +0.33 | +0.66 | +0.99 | +1.32 | +1.65 |
| | レベル 2 | -1.30 | -1.04 | -0.78 | -0.52 | -0.26 | 2.60 | +0.26 | +0.52 | +0.78 | +1.04 | +1.30 |
| コレオグラフィック シークエンス | | -2.50 | -2.00 | -1.50 | -1.00 | -0.50 | 3.0※ | +0.50 | +1.00 | +1.50 | +2.00 | +2.50 |

※コレオグラフィックシークエンスはレベル判定されないので、全員基礎値が「3.0」

第2章 ルールと採点

# ✳ GOEの判定

　ステップシークエンスに限らず、ジャンプもスピンも同じなのですが、GOEを判定するとき、ジャッジは、最初にGOE＋の面をチェックし、その後にGOE－の基準に照らしあわせて引き下げる、という手順を取ることになっています。

　ですから、例えばあるエレメンツがすばらしい出来だったけれど一部でミスがあったという場合、必ずしもGOEが－になるとは限りません。

## ● ステップシークエンスの「GOE＋」の基準

**❶** エッジが深く、明確なステップやターンである
**❷** 音楽と合っている
**❸** 流れや出来栄えが十分で、無駄な力がない
**❹** 創造的である。オリジナリティがある
**❺** 全身がよくコントロールされている
**❻** スピードの増減が十分にある

## ● コレオグラフィックシークエンスの「GOE＋」の基準

**❶** 創造的である。オリジナリティがある
**❷** 音楽と合っていて、プログラムのコンセプトや特徴を見せている
**❸** 流れや出来栄えが十分で、無駄な力がない
**❹** リンクを十分にカバーしている。もしくは、おもしろいパターンである
**❺** 明確で正確
**❻** 全身がよくコントロールされている

※1つ基準が満たされれば＋1、2つなら＋2……というカウントがされます。ただし、＋4と＋5にするためには、❶❷❸が必ず満たされている必要があります。

　上図の基準を見ると、ステップシークエンスとコレオグラフィックシークエンスの違いがよくわかります。ステップシークエンスでは、❶のようにステップやターンの正確さなどの技術面も求められていますが、コレオグラフィックシークエンスでは❷のようにプログラムのコンセプトなど、より表現的な面が重視されている印象です。

## ● ステップシークエンス／コレオグラフィックシークエンスの「GOE－」の基準

| -5 | 転倒 |
|---|---|
| -4 〜 -2 | 音楽に合っていない |
| -3 〜 -2 | コレオグラフィック的な動きがない（コレオグラフィックシークエンスのみ） |
| -3 〜 -1 | •つまずき　•創造性／オリジナリティがない（コレオグラフィックシークエンスのみ） |

65

# そのほかの技

　ここまで、「エレメンツ」と呼ばれるジャンプ、スピン、ステップシークエンスについて説明してきました。そのほかにも、エレメンツではないため基礎点などはありませんが、演技中によく見られる技がいくつかあります。

● スプレッド・イーグル

　略して「イーグル」と呼ばれることの多い技です。両足のつま先を外側に向けた姿勢で、外側(背中側／アウトサイドイーグル)や内側(おなか側／インサイドイーグル)に倒して進んでいくものです。音楽の盛り上がりに合わせて見せるイーグルは、壮大さを感じさせます。

● クリムキン・イーグル

　スプレッド・イーグルの変化形の技です。スプレッド・イーグル(インサイド)からヒザを曲げて、さらに上体を後ろに反らして進むため、倒れるか倒れないかの絶妙なラインで滑り抜けるハラハラ感も味わえます。もともとは、イリヤ・クリムキン(2004年ヨーロッパ選手権3位。元ロシア選手)という選手がよく見せていたためこの通称名がついたのですが、佐藤信夫コーチ(1965年世界選手権4位。全日本選手権10連覇のレジェンド)も得意としていたそうです。現在は、宇野昌磨選手が、プログラムのハイライトにクリムキン・イーグルを見せています。

第2章 ルールと採点

## ● イナ・バウアー

2006年トリノオリンピック金メダリストの荒川静香さんが、イナ・バウアーで後ろに反った姿勢で滑り抜けたことから、日本国内でも一気に有名になったこの技。ですが、イナ・バウアーという技は、スプレッド・イーグルのようにつま先を左右に開き、さらに左右の足を前後にずらして進むものなので、必ずしも後ろに反る必要はありません。荒川さんのように反ったものは、「レイバック・イナ・バウアー」と呼ばれることもあり、イナ・バウアーのさらに難しいバリエーションになります。イナ・バウアー（1958年、59年世界選手権4位。元西ドイツ選手）が最初に見せたということで、この名がつきました。

## ● ハイドロ・ブレーディング

エッジを深く倒して、非常に低い位置まで身体を落として滑るのが、ハイドロ・ブレーディングです。いろいろポジション変化が可能な技なのですが、インサイドエッジに乗り、フリーレッグを外側にまっすぐ出して、後ろに滑っていくものがよく見られます。羽生結弦選手は、音楽と合ったハイドロ・ブレーディングを見せ、プログラムを盛り上げます。

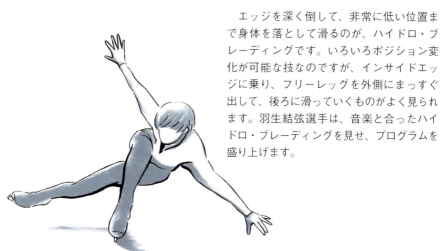

# 技術点のなかでの
# 各エレメンツの点数比重

## ❋ 各エレメンツの点数比重

　ここまで、得点の約半分にあたる「技術点」部分について説明してきました。となると気になるのが、「ジャンプの基礎点は、ほかに比べて高いのではないか」ということです。

　そこで、男子シングル選手と女子シングル選手の、ショートプログラムとフリーのそれぞれの技術点内での各エレメンツの点数比重を見てみましょう。今回は、2019年8月時点での、世界最高得点の演技で比べてみます。

男子ショートプログラム **羽生結弦**

（2018年ロステレコム杯）

ステップ 8.92%（5.57点）
スピン 21.41%（13.37点）
ジャンプ 69.67%（43.5点）

**110.53**点

（技 62.44点 / 演 48.09点）

男子フリー **ネイサン・チェン**（アメリカ）

（2019年世界選手権）

ステップ 8.83%（10.71点）
スピン 11.78%（14.28点）
ジャンプ 79.39%（96.25点）

**216.02**点

（技 121.24点 / 演 94.78点）

第 2 章　ルールと採点

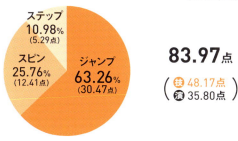

　こうして見ると、男女とも、ショートプログラム、フリーとも、ジャンプの比重がとても高く、だいたい60～70％台となっています。
　その分、スピンやステップシークエンスは、ジャンプほどの得点にはならないので、その出来・不出来によって、他選手との大きな差につながることは少ないともいえます。ですが、フィギュアスケートの結果を見ると、1位2位の差が0.05点などということもあります。このように僅差で競るときには、スピンやステップシークエンスでの点数の積み重ねが大きく影響したり、また逆に、取りこぼしによって涙をのむことにつながったりします。ですから、点数の比重が小さいからといって、スピンやステップシークエンスを軽視することはできないのです。

69

# 演技構成点(PCS)

## ✸ エレメンツ以外を採点する

ここまで、「技術点」について述べてきましたが、次はもう1つの得点である「演技構成点(PCS／Program Component Score)」について説明します。演技構成点は、ジャンプなどのエレメンツ以外のものを採点します。

### ● 演技構成点の5つの項目

演技構成点には、5つの項目があり、それぞれについて、ジャッジが1人10点満点で、0.25点刻みで得点を出していきます(ジャッジの仕組みについてはP20を参照)。5項目それぞれについて10点満点で出るので、満点は50点になります。ただし、技術点とのバランスをとるために「係数」が決められているため、男女で出てくる「演技構成点」の単純比較はできません。

演技構成点の満点は、男子ショートプログラム(係数1.0)は50点、男子フリー(係数2.0)は100点、女子ショートプログラム(係数0.8)は40点、女子フリー(係数1.6)は80点となります。

演技構成点の5つの項目(P71参照)は、フィギュアスケートを見るうえでとても大切な視点です。

第2章 ルールと採点

## ● 5つの項目（ファイブコンポーネンツ）

| 項目 | 内容 | こうとらえるとわかる |
|---|---|---|
| スケート技術<br>(Skating Skills) | スケーティングの質やスピード、またエッジコントロールできているか　など | 演技の最初の一歩がスムーズか。全体的に滑りにスピードがあるか。ステップやターンなどでのエッジが深く倒されているか。 |
| 要素のつなぎ<br>(Transitions) | エレメンツ間のステップなどに多様性があるか　など | ジャンプとジャンプのあいだ、ジャンプとスピンのあいだなどで、ただスーッと滑っていたり、両足で滑っていたりすると、「つなぎがない」と判定される。 |
| 演技<br>(Performance) | 音楽に合った身のこなし、スピードの変化、演技をしているか　など | 「演技」と「構成」、「音楽の解釈」は差がわかりにくいが、「演技」は、その日の演技の出来具合だという感覚で見るといい。 |
| 構成<br>(Composition) | プログラム構成に調和があり、ハイライトが分散しているかなど | （もともと用意して練習してきている）プログラムの構成についてのジャッジング。 |
| 音楽の解釈<br>(Interpretation of the Music) | 音楽を理解し、それに合った動きや表現、感情表現ができているか　など | その日の演技でどのくらいその音楽を表現でき、観客にも伝わったかなどで判定される。 |

## ● 議論の対象となることもある

　技術点には、基礎点がありGOEやレベルなどもあるので、理論的には比較的わかりやすいのですが、演技構成点のほうはそういった決められたものよりも、人による感じ方がより明確に現れるものであるため、ときに、演技構成点が「高すぎる」「低すぎる」といった議論が起こることもあります。

71

# スコアシート（プロトコル）の見方

## ✻ スコアシートで滑りを復習する

　試合が終わると、出場した選手一人ひとりの、スコアシート（「採点表」「プロトコル」などとも呼ばれる）が出るのですが、これは、インターネットで無料で見ることができます。

　これを見ると、その演技がどう採点されたのかが確認できるので、スケーター本人は、その後どこを強化すべきなのかわかりますし、また私たちにとっても、ジャンプが回転不足だったのか、認定されたのかなど、さまざまなことが見えてきます。試合が終わったら、観客の私たちもスコアシートで復習すると、よりいろいろなことが見えてくるかもしれません。

## ● スコアシートの見方

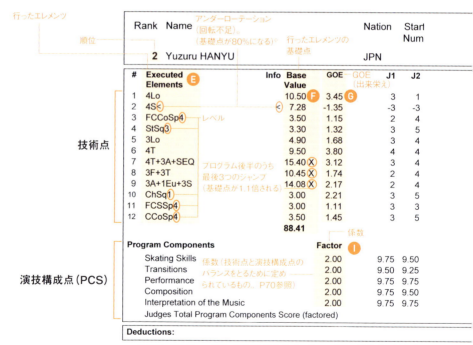

第 2 章 ルールと採点

| | | Total Segment Score | | Total Element Score | | Total Program Component Score (factored) | | Total Deductions | |
|---|---|---|---|---|---|---|---|---|---|
| ing ber 滑走順 | | D 206.10 | | A 110.26 | 技術点 | B 95.84 | 演技構成点 (PCS) | C 0.00 | 減点 |
| 22 | | | | | | | | | |

D ＝ ( A ＋ B ) − C
D ＝この演技の得点

| J3 | J4 | J5 | J6 | J7 | J8 | J9 | Ref | Scores of Panel |
|---|---|---|---|---|---|---|---|---|
| | | | | | | | | H 13.95 |
| 4 | 5 | 3 | 4 | 3 | 3 | 3 | | 5.93 |
| -3 | -1 | 0 | -1 | -2 | -1 | -2 | | 4.65 |
| 3 | 4 | 3 | 3 | 3 | 4 | 3 | | 4.62 |
| 3 | 4 | 4 | 4 | 5 | 5 | 3 | | 6.58 |
| 3 | 4 | 3 | 4 | 4 | 3 | 3 | | 13.30 |
| 4 | 4 | 4 | 5 | 4 | 3 | 4 | | 18.52 |
| 2 | 4 | 3 | 4 | 3 | 3 | 3 | | 12.19 |
| 3 | 4 | 2 | 5 | 4 | 3 | 3 | | 16.25 |
| 3 | 4 | 1 | 2 | 3 | 3 | 2 | | 5.21 |
| 4 | 4 | 4 | 5 | 5 | 4 | 5 | | 4.11 |
| 4 | 4 | 3 | 5 | 5 | 3 | 3 | | 4.95 |
| 3 | 5 | 4 | 5 | 5 | 4 | 3 | | |
| | | | | | | | A | 110.26 |

行った各エレメンツの点数。
例えば E の4Loは、

F ＋ G ＝ H
基礎点　GOE　点数

10.50＋3.45＝13.95
となる。

12個のエレメンツの合計点
（技術点）

| | | | | | | |
|---|---|---|---|---|---|---|
| 9.50 | 9.75 | 9.75 | 9.75 | 9.50 | 9.75 | 9.50 | 9.64 |
| 9.00 | 9.50 | 9.50 | 9.50 | 9.50 | 9.50 | 9.00 | 9.39 |
| 9.50 | 9.50 | 10.00 | 9.75 | 9.50 | 9.50 | 9.25 | 9.61 |
| 9.25 | 9.75 | 9.75 | 9.50 | 10.00 | 9.75 | 9.25 | 9.64 |
| 9.50 | 9.75 | 9.50 | 9.75 | 9.50 | 9.75 | 9.50 | 9.64 |

各項目の点数

5つの項目それぞれに
係数 I を掛けた数字
の合計（演技構成点）

B 95.84

C 0.00

減点（転倒、演技時間の
過不足5秒につき、衣装
の違反や小道具の使用、
禁止要素、10秒以上の
中断は、各－1.00点）

73

# 得点の目安を知っておく

　大会のテレビ放送を観ているとき、「125.39点って言っているけど、この得点は高いのだろうか、低いのだろうか」と思うことがあるのではないでしょうか。そのため、ある程度の目安の点数を予備知識として持っておくことをおすすめします。

　このページでは、2019-20シーズンスタート時点での「パーソナルベスト」のランキングを掲載しています。これはこの時点でのランキングであり、今後もどんどん更新されていくはずです。

## ✳ パーソナルベストのベスト6

※2019年8月時点

### ● 男子シングル

#### ショートプログラム

| | | |
|---|---|---|
| 1 | 羽生結弦 | 110.53 |
| 2 | ネイサン・チェン (アメリカ) | 107.40 |
| 3 | 宇野昌磨 | 104.15 |
| 4 | ヴィンセント・ジョウ (アメリカ) | 100.51 |
| 5 | ミハイル・コリヤダ (ロシア) | 100.49 |
| 6 | ジュンファン・チャ (韓国) | 97.33 |

「100点超え」が1つの目安

#### フリー

| | | |
|---|---|---|
| 1 | ネイサン・チェン | 216.02 |
| 2 | 羽生結弦 | 206.10 |
| 3 | ヴィンセント・ジョウ | 198.50 |
| 4 | 宇野昌磨 | 197.36 |
| 5 | ボーヤン・ジン (中国) | 181.34 |
| 6 | ハビエル・フェルナンデス (スペイン) ── 2019年1月に引退 | 179.75 |

「200点超え」は2人だけ

「180点超え」が1つの目安

#### 総合

| | | |
|---|---|---|
| 1 | ネイサン・チェン | 323.42 |
| 2 | 羽生結弦 | 300.97 |
| 3 | ヴィンセント・ジョウ | 299.01 |
| 4 | 宇野昌磨 | 289.12 |
| 5 | ミハイル・コリヤダ | 274.37 |
| 6 | ボーヤン・ジン | 273.51 |

「300点超え」は2人だけ

「270点超え」が1つの目安

第 2 章 | ルールと採点

## ● 女子シングル

### ショートプログラム

| | | |
|---|---|---|
| 1 | 紀平梨花 | 83.97 |
| 2 | アリーナ・ザギトワ(ロシア) | 82.08 |
| 3 | エリザベータ・トゥクタミシェワ(ロシア) | 80.54 |
| 4 | 坂本花織 | 76.95 |
| 5 | アリョーナ・コストルナヤ(ロシア) ── この時ジュニアだった | 76.32 |
| 6 | 宮原知子 | 76.08 |

「75点超え」が1つの目安

### フリー

| | | |
|---|---|---|
| 1 | アリーナ・ザギトワ | 158.50 |
| 2 | 紀平梨花 | 154.72 |
| 3 | エリザベータ・トゥクタミシェワ | 153.89 |
| 4 | ブラディー・テネル(アメリカ) | 150.83 |
| 5 | アレクサンドラ・トゥルソワ(ロシア) ── この時ジュニアだった | 150.40 |
| 6 | エフゲニア・メドベージェワ(ロシア) | 149.57 |

「150点超え」が1つの目安

### 総合

| | | |
|---|---|---|
| 1 | アリーナ・ザギトワ | 238.43 |
| 2 | エリザベータ・トゥクタミシェワ | 234.43 |
| 3 | 紀平梨花 | 233.12 |
| 4 | ブラディー・テネル | 225.64 |
| 5 | エリザベート・トゥルシンバエワ(カザフスタン) | 224.76 |
| 6 | エフゲニア・メドベージェワ | 223.80 |

「220点超」が1つの目安

### Column パーソナルベスト

「パーソナルベスト」や「史上最高得点(パーソナルベスト1位の人の得点)」は、ソチオリンピックのあった2017-18シーズンで、いったんリセットされました。というのは、そのシーズン後、大きなルール変更があったため、それまでの得点と単純比較ができなくなったからです。そこで、2017-18シーズンまでの史上最高得点は、「Historic Records(歴史的記録)」として記録されることになりました。

# キス・アンド・クライの豆知識

　演技終了後、選手とコーチが並んで座り、点数の発表を待っているシーンはテレビ中継などでも何度も見かけたことがあると思います。あのスペースの名前は「キス・アンド・クライ」。名前の由来は、高得点が出ればコーチにキスし、点数が悪ければ涙する場所だから、というもの。ここはテレビ中継やカメラマンの撮影を行う場所でもあるため、花などで装飾されているケースがほとんどです。

　意外と知られていないルールとして、キス・アンド・クライのある大会では、演技終了後は必ずキス・アンド・クライで得点が出るのを待たなければいけないというもの。明らかに演技が失敗し、悪い得点になることがわかっていたとしても、キス・アンド・クライで得点が発表されるのを待たなければ、罰金を取られるルールになっています。

　ちなみに、キス・アンド・クライに座るのは、選手とコーチのほかにも、振付師や出身国のスケート関係者、選手の家族などが座る場合があります。

　なお、複数の選手を教えているコーチの場合、次に自分の教え子が滑走するケースなどは、キス・アンド・クライに座らず、次の選手のもとへ向かうケースもあります。

　最初に「キス・アンド・クライ」という名前が使われたのは、1983年の世界フィギュアスケート選手権です。テレビ局の技術者が「ここはなんと呼べばいいのか？」と質問し、当時の大会組織委員だったジェーン・エルコが「キス・アンド・クライ」と名づけたそうです。のちに、体操競技の点数発表を待つ場も「キス・アンド・クライ」と呼ばれるようになりました。

2002年の全米フィギュアスケート
選手権のキス・アンド・クライ
Photo:Dr.frog

第3章

# スケートの 気になることを 解消

- プログラム
- 振付け／振付師
- 曲
- コスチューム
- 滑走順
- コーチ
- テレビ観戦　など

# プログラム

## ✳ どんなプログラムを作るか

　スケーターたちが音楽に合わせてジャンプを跳んだり踊ったりするものを「プログラム」と呼びます。1つのシーズンが終わった後、シーズンオフに入ると「ショートプログラム」と「フリー」の2つのプログラムを作り、練習で自分の身体にフィットさせて、試合に臨みます。

　トップ選手の場合は、エキシビションやアイスショーで滑るプログラムも作るので、毎年だいたい3つのプログラムを作ることになります。

### ● 過去のプログラムを使ってもOK

　1つのプログラムを2シーズン続けて使うことも、過去のプログラムを再度演じることもあります。2019-20シーズンも、羽生選手は前シーズンと同じショートプログラム『Otonal』、フリー『Origin』を使用しています。

　また、「新しくプログラムを作っていくつかの大会に出てみたけれど、評判もいまいちだし、自分でもフィットする感じがない」というときには、過去に使ってお気に入りだったり、評価が高かったりしたプログラムを再度使って試合に出る、ということもあります。

### ● 過去のプログラムを使う長所と短所

　過去のプログラムを使うことには、長所と短所があります。

　長所は、選手がその音楽やプログラム（エレメンツ構成の流れや動きなど）になじんでいるので、よりよい表現につながったり、気負わずに十分なパフォーマンスを発揮できたりするということです。戻す前の曲があまり好きではなかった場合は、モチベーションの上昇にもつながります。

　逆に短所は、ジャッジや観客などが「新しいプログラムを見たかった」という思いを抱く可能性があるということです。選手の現役期間はそんなに長くありません。長くても10年くらいです。そのため、新しいプログラムに変えることで、新しい表情や表現を見られるのを楽しみにしている人は多いもの。そうした、外部の心象といった面では、過去のプログラムを使うことはそんなによいことばかりというわけでもありません。

　とはいえ、過去のプログラムを滑るといっても、新しく変更されたルールに合わせてリメイクしたり、衣装をバージョンアップしたりするので、まったく同じプログラムを滑るというわけではありません。

第3章　スケートの気になることを解消

## ●エキシビションは小道具OK

　競技プログラムは、決められた時間内に音楽をまとめ、ルールに沿ったジャンプやスピン、ステップシークエンスなどを入れますが、エキシビション用のプログラムは、なにもかもが自由。そのため、大きな布を翼に見立てて使ったり、帽子やステッキなどを持ったりと、小道具をアクセントとして使い、競技中とは違った側面を見せるプログラムがたくさんあります。また、リンクの外からの登場や、氷上以外でのパフォーマンスも認められています。

　エキシビションやアイスショーではどんなプログラムを滑ってもいいので※、過去に競技で使っていたプログラムを披露する選手も少なくありません。競技シーズンが終わってしまうと競技プログラムを見ることができませんが、人気の高いプログラムには、もう一度見たいというファンの声も大きいもの。そんなファンの思いに応え、人気プログラムを再演して、会場を大いに沸かすスケーターもいます。

※大会後のエキシビションでは、その大会で使用したショートプログラムとフリーを演じると罰金になることもある。

## プログラムとは

### ✻ 新しいプログラム作り

　シーズンオフになると、選手たちは新しいプログラムの振付けに着手します。早い選手は春先に、遅くとも夏には新しいプログラムを作ります。

　プログラムの名前は、使用している曲名を暫定的に使います。例えば、ラフマニノフの『ピアノ協奏曲第2番』を使った場合、プログラム名は「ラフマニノフ『ピアノ協奏曲第2番』」です。ただ、口にするには長すぎるため、ファンのあいだでは「ラフマニのピアコン2番」などと略称で呼ばれます。ちなみに、「ピアノ協奏曲＝ピアノコンチェルト」なので、「ピアコン」と略されています。

### ✻ 名作と呼ばれるプログラム

　プログラムによっては「名プログラム」や「名作」と呼ばれるものがあります。浅田真央さんの『ノクターン』（2006-07シーズンショートプログラム）、髙橋大輔選手の『eye』（2008-10シーズンショートプログラム）、古くはアレクセイ・ヤグディンの『Winter』（2001-02シーズンショートプログラム）や、ジェーン・トーヴィル＆クリストファー・ディーンの『ボレロ』（1983-84シーズンフリーダンス）などが代表例です。音楽とスケーターが一体となり、極上の演技を見せたプログラムからは、その時代の技術や表現の極みを見ることができます。

　そうした名作は多くの人の記憶に残るため、翌シーズン以降、ほかの選手たちがその曲をなかなか使いづらいという状況が生まれたりもします。

**8年間使ったプログラムもある**

　1965年に、世界選手権4位（当時の日本人最高位）となった佐藤信夫さん（P66参照）は、フリーの『詩人と農夫』というプログラムを8年間使い続けたそうです。当時のルールは現在とは違っていて、コンパルソリー（規定）とフリーの2つで競われたのですが、コンパルソリーの得点配分のほうが高く、コンパルソリーの練習時間の割合のほうが長かったことから、選手たちの多くが何年も同じプログラムを滑っていたといいます。長く同じ曲を使っていると、あるとき、それまでにまったく聞こえなかった音が聞こえるようになるそうで、それを滑りや動きに活かしていたそうです。

# スケートリンクのサイズは世界共通？

　国際スケート連盟（ISU）によって、フィギュアスケート用のリンクサイズは「長辺56〜60m、短辺26〜30m程度」と定められています。ですがアメリカやカナダではNHL（ナショナルホッケーリーグ）に代表されるアイスホッケーが人気なので、アイスホッケー用のNHL北米規格サイズ（61m×26m）のリンクの方が一般的です（アイスホッケーの国際基準では長辺56〜61m、短辺26〜30m）。

　過去には、短辺が基準ギリギリに短いため、壁に激突してしまう選手もいたそうです。

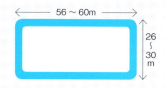

### 日本国内にある、ISU基準を満たしている通年営業のスケートリンク（2019年9月時点）

| 都道府県 | 都市 | 施設名 |
|---|---|---|
| 北海道 | 札幌市 | 札幌市月寒体育館 |
| | | 江守記念星置スケート場 |
| | 釧路市 | 大進スケートセンター |
| 岩手県 | 盛岡市 | みちのくコカ・コーラボトリングリンク |
| 宮城県 | 仙台市 | アイスリンク仙台 |
| 埼玉県 | 上尾市 | 埼玉アイスアリーナ |
| 千葉県 | 千葉市 | アクアリンクちば |
| 東京都 | 新宿区 | シチズンプラザ アイススケートリンク |
| | | 明治神宮外苑アイススケート場 |
| | 東大和市 | 東大和スケートセンター |
| | 西東京市 | ダイドードリンコアイスアリーナ |
| 神奈川県 | 横浜市 | KOSÉ新横浜スケートセンター |
| | | 横浜銀行アイスアリーナ |
| 新潟県 | 新潟市 | MGC三菱ガス化学アイスアリーナ |
| 長野県 | 軽井沢町 | 軽井沢風越公園アイスアリーナ |
| 愛知県 | 名古屋市 | 名古屋スポーツセンター |
| | | 邦和スポーツランド みなとアイスリンク |
| | 長久手市 | 愛・地球博記念公園アイススケート場 |
| 滋賀県 | 大津市 | 滋賀県立アイスアリーナ |
| 大阪府 | 大阪市 | 浪速スポーツセンター アイススケート場 |
| | 高石市 | 大阪府立臨海スポーツセンター アイススケート場 |
| 兵庫県 | 西宮市 | ひょうご西宮アイスアリーナ |
| 岡山県 | 岡山市 | 岡山国際スケートリンク |
| | 倉敷市 | ヘルスピア倉敷アイスアリーナ |
| 福岡県 | 久留米市 | スポーツガーデン久留米 |
| | 飯塚市 | 飯塚アイスパレス |
| | 福岡市 | パピオアリーナ |
| 沖縄県 | 島尻郡 | スポーツワールドサザンヒル　アイスアリーナ |

※日本スケート連盟のWebサイトより

# 振付け／振付師

## ✳ トップ選手は振付師に依頼

　決められたジャンプを入れたり、音楽表現も見せたり、プログラム作りは大変に複雑なものです。そのため、高得点を出せるプログラム構成（ジャンプ、スピン、ステップシークエンスの構成）にすべく、トップ選手たちは「振付師」と呼ばれる人たちに振付け作業を依頼しています。

　コーチや選手本人が振付けするケースもありますが、ルールを熟知しているプロフェッショナルに依頼することで、より確実に点数につなげられたり、振付けや踊りのトレンドを取り入れられたりします。

### ● 振付け方は人それぞれ

　プログラムの振付け方は、振付師によって違います。プログラムをいくつかのパートに区切って少しずつ作り上げていく人もいれば、大まかにこんな感じと外枠を作ってから詳細に着手する人もいます。競技用プログラムを振付けるときには、エレメンツを確実に入れなくてはならないため、それぞれのエレメンツに何秒かかるかをストップウオッチで計っておく振付師もいるそうです。ジャンプの助走から着氷まで何秒、というようにエレメンツすべてを計測すると、それ以外に使えるプログラムのおおよその時間がわかるためです。そのため、振付け作業とは、パズルのピースをはめるような作業でもあります。

### ● 技を入れるタイミングが大事

　同じジャンプを組み込むとしても、プログラムのどこに構成するのかによって点数が変わってきます（P31参照）。その選手の力と相談しながらジャンプ構成を決め、さらにスピンやステップシークエンスを入れていきます。もちろん、それらはすべて、音楽と合っていることが求められています（演技構成点の「音楽の解釈」）し、プログラムの構成がすぐれているかどうかも（演技構成点の「構成」などで）評価されます。音楽の「ジャーン！」という強い音のところでジャンプを降りる、というような細かな作業を積み重ねていくことが、プログラムの振付けというものなのです。

　さらに、荒川静香さんのイナ・バウアーのように、その技1つだけで点数になるわけではないけれど、プログラムのハイライトになるような技、観客が「これが見たかった！」と待っているような技を入れることも重要です。こうしたものがすべて気持ちよく相乗したとき、すばらしいプログラムが生まれるのです。

第3章 スケートの気になることを解消

## ✳ 選手と振付師

　浅田真央さんは2006-07シーズンから引退する2016年までの競技プログラムを、ローリー・ニコルとタチアナ・タラソワに依頼していました。長年一緒に振付けをし、お互いのキャラクターや感性などを知りつくして信頼感を積み重ねていくことは、感情的な深まりのあるプログラムにつながります。

　反対に、選手が違うテイストを求めたくなったときや、前の振付師のプログラムがフィットしないと感じたときなどは、一度依頼した振付師に翌シーズン依頼しないというケースもあります。とても自然なことですし、誰も不審に思ったりはしません。

　ですが、依頼されなかった振付師は、平静を装いつつ、心の中では「あのプログラムはダメだったのか」と落ち込むこともあるということを、ある振付師から聞きました。もちろん誰にも非はないことですが、振付師も人間なので感じるものがあるのも当然ですし、感受性が豊かな振付師ほど心情を表現するプログラムが作れるものだったりします。

　フィギュアスケートはとても強く美しい面がクローズアップされますが、非常に人間味あふれる世界であり、そこが愛おしい部分でもあります。

# 振付け

## ● 人気振付師は争奪戦

　波に乗っている振付師、昔はよかったけれど今はどこか古い感じがしてしまう振付師など、時代によって振付師の人気や評価はさまざまに変化します。現在、人気や実力のある有名振付師と言われる人たちには、タチアナ・タラソワ、ローリー・ニコル、シェイ＝リーン・ボーン、ジェフリー・バトル、デイヴィッド・ウィルソン、トム・ディクソン、ブノワ・リショー、宮本賢二、ミーシャ・ジーなどがいます。

　1つのプログラムの振付けには、早くて2〜3日、長いと1週間くらいかかるため、人気振付師へのプログラム依頼は争奪戦になります。前シーズンの世界選手権前には翌シーズンのプログラムを依頼したい振付師に目星をつけておき、世界選手権で会ったときに依頼や相談をしたりするケースが多いようです。

| 振付師 | 主なプログラム |
|---|---|
| タチアナ・タラソワ | 浅田真央『ピアノ協奏曲第2番』<br>（2013-14シーズン フリー） |
| ローリー・ニコル | 宮原知子『小雀に捧げる歌』<br>（2018-19シーズン ショートプログラム） |
| シェイ＝リーン・ボーン | 羽生結弦『SEIMEI』<br>（2015-16、17-18シーズン フリー） |
| ジェフリー・バトル | 羽生結弦『バラード第1番ト短調』<br>（2014-16、17-18シーズン<br>ショートプログラム） |
| デイヴィッド・ウィルソン | ハビエル・フェルナンデス『ラ・マンチャの男』<br>（2017-18、18-19シーズン フリー） |
| トム・ディクソン | 紀平梨花『A Beautiful Storm』<br>（2018-19シーズン フリー） |
| ブノワ・リショー | 坂本花織『ピアノレッスン』<br>（2018-19シーズン フリー） |
| 宮本賢二 | 髙橋大輔『eye』<br>（2008-2010シーズン ショートプログラム） |
| ミーシャ・ジー | エフゲニア・メドベージェワ『トスカ』<br>（2018-19シーズン ショートプログラム） |

第3章　スケートの気になることを解消

## ● ライバル選手同士で同じ振付師になることも

　選手にとっては、依頼したい振付師のもとに、ライバル選手からの振付け依頼が来ているかどうかも気になるところです。というのは、どんなに選手自身にパワーや味わいがあったとしても、プログラムには振付師の個性がどこか見え隠れするものなので、ライバル選手とプログラムのテイストが似てしまうことを避けたいと考えるからです。
　とはいえ、人気振付師の数は限られていますので、ライバル選手同士で同じ振付師のプログラムを滑ることはよく見られるのです。振付師は、その選手ならではの色を見せるよう、意識して作っています。

## ● 人気振付師への道

　振付師側から見ると、人気振付師になるには、大きな評判になるプログラムが不可欠。それには、トップ選手の競技プログラムを振付けるのが近道の1つです。
　そのため振付師は、トップ選手のプログラム、それもエキシビションのプログラムよりも、選手の思い入れがより強い競技プログラムをできるだけ振付けたいと考えています。そうして一人の振付師として長く仕事をしていくための道も、自分で切り開いていくものなのです。
　振付けたいと思っているトップ選手から依頼がきたときは、スケジュールがきついときでも「この時期なら振付けできるから、ぜひ来て！」と、なんとかして調整する振付師も少なくありません。
　反対に選手側から見ると、有名振付師のプログラムを滑るということは、「忙しい振付師が時間を割いてもいいと思った選手だ」ということを示唆しています。選手がビッグになっていくときには、有名振付師のネームバリューも重要です。
　選手と振付師はお互いに相乗しあう関係でもあるのです。

85

# 曲

## ✻ さまざまなジャンルの音楽が使われる

　フィギュアスケートでは、クラシックやバレエ音楽、オペラなどに合わせて滑る、という印象を持っている人も多いと思いますが、現在では、ミュージカルや映画のサウンドトラック、ジャズ、フラメンコ、タンゴ、ヒップホップ、ヴォーカル入り音楽などさまざまなジャンルの音楽も使われています。映画音楽にセリフまでついているものをお芝居のように見せる振付けで滑った選手もいました。

### ● 選曲が似ること

　世の中には無数の曲があるにも関わらず、同じシーズンに複数の選手が同じ曲を使うことがよくあります。クラシック曲や、『パイレーツ・オブ・カリビアン』『レ・ミゼラブル』『LA LA LAND』など、流行りの映画音楽なども同時期によく使われます。これは、まったく知られていない曲よりも、よく知られている曲、なかでもフィギュアスケートでよく使われている曲のほうが、ジャッジの心象的にも受け入れられやすいだろうという思いがあるといえるかもしれません。

　よく使われる曲というのはドラマティックだったり、緩急やストーリーがあったりと、フィギュアスケートとして滑りやすいものです。また、「どうしてもこの曲を使いたい」と、プログラムの曲を選手自身が選ぶ場合は、誰かがその曲で滑っているのを聞いていいなと思った経緯があることがほとんどです。そのため、どうしても選曲が似てきてしまうのです。

### ● 選手自身に思い入れのある曲

　選曲は、振付師が選手のそのシーズンに目指すものや持ち味などを考慮し、いくつか提案してそのなかから選手が選ぶということもあれば、選手自ら「これでお願いします」と持参することもあります。

　2006年にトリノオリンピックで優勝した荒川静香さんは、そのときのフリーに『トゥーランドット』というオペラの曲を使っています。ライトブルーの衣装でイナ・バウアーを見せているときにかかっているあの曲ですが、彼女がこの曲を（違うバージョンで）使用するのはこれが3回目。しかもこのときは、12月までは別の曲をフリーで使用しており、トリノオリンピックだけこのフリーで滑ったのです。大好きで思い入れのある曲をここぞという場面で使って、彼女はアジア人として初めてフィギュアスケートのオリンピックチャンピオンになったのです。これぞ、選曲の妙といえるでしょう。

第3章 スケートの気になることを解消

## ● 選曲の国民性

聞いていておもしろいのは、日本人選手がほとんど使わない『レクイエム・フォー・ドリーム』という映画の曲を、欧米の選手、とくにヨーロッパの選手たちが好んで使っていることです。また、『The Feeling Begins』という曲も、日本人使用者はほぼ見かけないのに、アメリカ選手がくねくねとした踊りとともに使っているのをよく目にしてきました。

また、ロシア選手やロシア人振付師の手によるプログラムでは、序盤は優雅なクラシックを使用しているのに、後半はそのクラシック曲のブルースバージョンや鳴きのギターのアレンジバージョンを使う、という不思議な曲編集をよく耳にします。この手法はロシア系のプログラムだけでしか見ないので、きっとロシア人にグッとくる手法なのでしょう。

もちろん、自分の国の民族音楽を使うプログラムも見かけますが、それ以上に、フィギュアスケートを長年見ていると、『レクイエム・フォー・ドリーム』などから国民性を感じたりするものです。

## ● 曲を力にする

体力的に疲れてきたプログラムの後半に、観客の手拍子がもらえるような曲を使ったり、力強い音楽でつねに気持ちをプッシュしてもらったりするといった、曲に後押しされるような選曲というものもあります。

ただし、力強く壮大な曲を使っているのに、演技に力がなかったり疲れ果てていたりすると、より弱々しく見えてしまうこともあります。さらに、過去に同じ曲を使った別の選手がその曲で名プログラムを作っていた場合は、その曲を使うと「あ、○○選手が前に使っていた曲だ」と、ジャッジや観客が無意識のうちに比較してしまうこともあります。

これを逆手にとっているのが、2018－20シーズンの羽生結弦選手のショートプログラム『Otonal』とフリー『Origin』です。前者はジョニー・ウィアが2004-05シーズンなどに、後者はエフゲニー・プルシェンコが2003-04シーズンに使っていた曲で、どちらも名プログラムです。子どもの頃にこの2つの演技が大好きだったという羽生選手は、名作と同じ曲を使用することで、その名作の力をも背負った自分らしい演技を見せています。

# コスチューム（衣装）

## ✳ こだわりのコスチューム

競技で着用するコスチュームには、明確な規定があります。節度と品位があって、スポーツに適していること。派手なデザインはNGですが、音楽の特徴を反映することは認められています。

過度に肌を出して見えるものはダメで、男性は必ず長ズボンを着用、タイツは禁止です。衣装につけた飾りは、落ちないようにしておくこと。もし落ちたら1点減点になりますし、上記の服装規定が守られていないときも1点減点です。

### ● コスチュームの試行錯誤

選手たちはコスチュームへのこだわりを持っています。多くの選手が口にするのが、コスチュームの重さについて。数百グラム体重が重くなっただけでもジャンプの感覚に違いが出るというスケーターたちは、日々体重を管理しています。そのため、コスチュームは軽ければ軽いほうがいいのです。

とはいえ、キラキラと光るスワロフスキーなどのストーンをたくさんつけて、きらめきを演出したいのも選手の本心。ストーンはある程度の重量を持っているので、使いすぎないようにしたり、また軽い生地を使うようにしたりと、スポーツ的な面以外でもスケーターたちはさまざまな試行錯誤をしています。

### ● コスチュームの素材

軽い生地といっても、ペラペラの薄い生地では、選手たちの激しい動きについていけず、動きを制限してしまったり、最悪の場合には破れてしまったりすることがあるかもしれません。たくさんの人に見つめられている試合でコスチュームが破れてしまうなんて、想像しただけで悲劇的です。そこで、さまざまな方向に伸縮性もあり、かつ軽い生地を使っています。ストレッチ素材は1960年代頃からスケート界で使われていたそうですが、当時は伸縮性のある糸がなくて、うまく利用できなかったそうです。

### ● コスチューム観察

フィギュアスケート観戦の楽しみの1つに、衣装を眺めることを挙げる人も少なくないでしょう。コスチューム観察は、とても楽しいものです。プログラムの曲に合わせたデザインや、選手のスタイルを美しく見せるカッティング、ストーンのあしらい具合など、コスチュームの見どころは尽きません。会場での観戦でもテレビ観戦でも、

第3章　スケートの気になることを解消

コスチュームをじっくり見ることはなかなかできないため、最近では、過去のコスチュームを見られるイベントなども増えています。

## ● 曲がわかるコスチューム

シーズン序盤には、コスチュームを見ただけでどの曲を使うか当てることを楽しんでいる人たちもいます。試合直前の6分練習のときに出てきた選手たちを見て、「あの衣装は『ロミオとジュリエット』だろうな」とか、「あの選手は『カルメン』かな」という具合です。演技構成点の「音楽の解釈」という項目がありますから、パッと見ただけで使用曲がわかるのは、コスチュームとして望ましいものともいえるでしょう。

## ✳ コスチュームを作るプロ

フィギュアスケートを習うと、上手な子どもたちは選手となり各地の大会に行くようになります。そうすると、通常のコーチ代やリンク代のほかに、遠征費などもかかってきます。そのため、小さい頃はお母さんや裁縫の得意な親せきなどが、コスチュームをデザインして作るケースも少なくありません。毎年、コスチュームを作ることで腕が上がり、年々素敵な作品ができあがったり、なかにはそのまま「衣装屋さん」と呼ばれるコスチューム作りのプロになる人もいたりします。

世界レベルで戦うようになると、ほとんどの選手が衣装屋さんに依頼するようになります。美しさも求められるスポーツなので、コスチュームもプログラムに合ったものが求められるためです。

## ● コスチュームは1着数十万円

選手たちは、新しいプログラムの振付けが終わると、すぐに衣装屋さんに使用曲や動いている動画などを送ります。それを見た衣装屋さんは数案のデザインを描き上げます。そのなかから選手サイドが選んだり、「寒さに弱いので、長袖にしてほしい」「演技中に気になるので、襟ぐりのレースは取ってほしい」などの微調整をしたりして、製作してもらう形が一般的です。

トップ選手たちのコスチュームは繊細で、デザインも美しいものです。着脱のときのファスナーなども、どこに施されているのかパッと見にはわからないほど。そうしたコスチュームは、1着数十万円（といっても幅はあります）ほどになるそうです。

89

# 滑走順

## ✳ グループ分けして演技

　シングルの試合では、滑走する順に、1〜6番滑走が「第1グループ」、7〜12番滑走が「第2グループ」……とグループ分けされて、グループごとに6分間練習（日本語では「練習」と呼ばれますが、英語では「Warm-up」。本来は、演技本番前のウォームアップ的な意味合いの時間です）を行います。6分経ったところで滑走順の1番早い選手がリンクに残り、演技し、6人終わると、次のグループの6分練習…2グループ終了ごとに整氷がある、という流れになっています。

　ちなみに、1グループは上限が6人なので、グループ分けが7人になってしまうときは、3人と4人のグループに分けることになっています。

　大会によって滑走順の決め方は変わってきますが、オリンピックや世界選手権などの場合、ショートプログラムでは、大会直前のWorld Standings（世界ランキング）によって上位グループと下位グループに分け、そのなかで、選手本人によるくじ引き（「ドロー」とも呼ばれます）で決めています（全日本選手権も、特別強化選手などが後半グループに入るように分けられます）。

　フリーの場合は、ショートプログラム1〜6位がフリーの最終グループ、7〜12位がその前のグループ……というようにグループ分けします。そのグループ内でも上位3人と下位3人とで分け、その3人のなかでの滑走順をくじ引きで決めています。

### ● グランプリシリーズの場合

　グランプリシリーズだけは少し違っていて、ショートプログラムは大会直前のWorld Standings（世界ランキング）の低い順、フリーはショートプログラムの順位の低い順に滑走します。

　どちらの方法でも、基本的に試合の後半にトップ選手が滑ることになります。このシステムでは、例えば1番滑走に現世界チャンピオンなどが滑ったとき、そのままずっと1位に変動がないまま競技が終わるというようなことを避けられ、よりエキサイティングに見られるようになっています。

### ● 滑走順を決めるくじ引き

　「選手本人によるくじ引き」は、ショートプログラムの場合、試合の前々日くらいの練習のあと、選手たちが一堂に会して、大会役員から注意事項や激励を受ける場で行われます。選手たちが会議室のようなところでイスに座って、ふざけ合ったりしているシーンを、テレビで見たことがある人もいるでしょう。

第3章 | スケートの気になることを解消

　ここで一人ずつ名前が呼ばれ、滑走順の書かれた札の入っている巾着袋のようなものに選手が手を入れて、札を取る、という方法で進められます。くじ引きをする場所にはたいていスクリーンが用意されていて、選手が札を取るたびにすぐに滑走順の数字の横に名前が出るようになっています。

　そのため、選手たちは自分のくじ引きの前に何番が空いているかわかります。最終滑走を引いた選手には「おお！」という声があがりますし、それ以上に盛り上がるのが、誰かが1番滑走を引いたとき。1番滑走を避けたい選手がほとんどなので、1番滑走が引かれると、「Congratulations!」という声が飛んだり、該当選手とハイタッチする選手が出てきたりと、盛り上がります。

## ●待機中の過ごし方

　グループの1番滑走の選手は、6分練習の5分ぐらいでジャンプなどは切り上げて、リンクを周回して息を整えます。1番滑走の選手は身体が温まっていますが、6番滑走ともなると、身体はもう冷えてきます。3分弱のショートプログラムと4分くらいのフリーでは試合の進行スピードが少し違いますが、だいたい3番滑走以降くらいの選手たちは、6分練習後にリンクから上がると、いったんスケート靴を脱いで待機します。

　「スケート靴の着脱は手間がかかりそう」と思われるかもしれませんが、ジャンプを何度も跳ぶ選手たちは、靴ひもをかなりきつく結んで、足首を固定しています。そうしないとぐらついてジャンプが跳べないし、ケガにもつながってしまうからです。滑っているのなら大丈夫ですが、スケート靴をはいたまま動かないでいると、むくんだり、足が痛くなったりするため、脱ぐ必要があるのです。

　脱いだ靴をいつ履くのか、身体が冷えないようにどのくらい身体を動かしておくのかなど、滑走を待っている選手たちは、細かなことまで事前に決めています。そうしたさまざまな手順に加え、待っている間の緊張などもあることから、グループ内の1〜6番滑走のなかに好き嫌いや得意・不得意がある選手も少なくありません。

## ●滑走順に有利・不利はないのか

　15年ほど前までの6.0満点の採点方式のときには、「そこまでの選手全員のなかでこの選手が何位だったか」という相対評価をしていたので、後半で滑ったほうが印象的に記憶されるために有利だといわれていました。しかし、現在の採点方式は絶対評価ですので、1番滑走でも最終滑走でも、採点の面で有利・不利というものはないといわれています。とはいうものの、多少は関係あるのではないかと考えている選手も少なくないようです。

91

# コーチ

## ✳ コーチのふるまい

　フィギュアスケート観戦では、選手の演技以外にもたくさんの見どころがあります。そのなかの1つが、テレビでも放送されるのでよく見える、コーチたちの動向です。6分練習では、滑っている教え子を大きな声で呼び寄せてなにやらアドバイスし、演技前には、選手に最大のパフォーマンスをできるよう言葉をかけたりしています。これから演技に出ていく教え子とおでこをくっつけ合いグッとパワーを送ったり、選手の背中を大きくさすって送り出したりする姿も、よく知られたものになっています。

　演技中も、コーチから目を離せません。もちろん選手を見るのが主なのですが、どうしてもそちらに目が向いてしまうというコーチがいるのです。例えば、選手がジャンプを跳ぶときに、まるで自分も一緒に跳ぶかのようにリンクサイドで跳び上がっていたり、選手が自分の近くを滑り抜けていくときに、大きな声で「スピード！」と大きな声で伝えたり、「いいぞ」とばかりにフェンスをガンガン叩いて選手を後押ししたり。コーチたちも、気が気ではないようです。

　試合のときにはジャケットを着用したりと上品にふるまっているコーチたちの、内なる情熱や普段の様子がうかがえる、貴重で興味深いシーンです。コーチたちをウオッチすることは、なかなかに味わい深いものです。

　また、都道府県別のチーム戦でもある国体では、コーチが帯同しないことも多く、チームメイトがティッシュボックスを持ったり、送り出したりする姿も見かけます。

### ● ライバル同士のコーチを担当することもある

　コーチを意識して見ていると、「さっき別の選手のキス・アンド・クライに座っていたのに、この選手のときにも座っている」と気づくこともあるでしょう。フィギュアスケートでは、一人のコーチのもとで何人もの選手、それも同じレベルのライバル選手が一緒に練習することもよくあります。

　ライバル同士が一緒に練習することには、お互いに刺激を与えたり受けたりすることで切磋琢磨し、より高いレベルを目指せるという利点もあります。逆に、ライバルが気になってしまい、別の環境を求めて去っていくということもあります。

　また、自分に合った環境や指導法を求めて、外国のコーチのもとに拠点を移す選手もたくさんいます。ヨーロッパ内はほとんど1つの国のように欧州各国の選手がさまざまな場所で練習していますし、羽生結弦選手などのように、リンクでの練習時間を確保できてスケートに集中できる海外で練習する日本選手もいます。通訳はいないので、少しずつ言葉を覚えて、生活環境にも適応するというタフさも培われます。

第3章　スケートの気になることを解消

## ●コーチと選手の関係

　演技後の様子から、コーチと選手の関係をうかがうことができます。選手がリンクサイドに戻ってきたところで、たいていはコーチがエッジケース（プラスチック製のブレードを保護するもの）を選手に渡します。そのときに、例えばいい演技だった場合に、選手とどんなハグをするのか、その後のキス・アンド・クライで2人がどんな様子なのか、また不本意な演技だったときにどんな様子なのか。この何気ないシーンには、コーチと選手との関係のさまざまなことを想像できるファクターがたくさんあります。

## ●キス・アンド・クライには振付師の姿も

　有名振付師にプログラムを作ってもらうことは、1つのステータスでもあります（P82参照）。選手の滑っているプログラムの振付師は、その大会の公式結果サイトで見ることができますが、ときどき、演技後のキス・アンド・クライで、選手とコーチとともに振付師が座っているシーンもあります。振付師と選手との関係もウオッチすると、楽しいかもしれません。

# テレビ観戦

## ✳ 情報を有効活用する

現在のフィギュアスケートの試合のテレビ放送には、さまざまな情報が盛り込まれています。こうした情報を有効活用すると、観戦がより楽しく充実したものになります。

まずは、実況と解説のコメントをよく聞くことです。フィギュアスケートの放送は飛躍的に進化しています。実況するアナウンサーも解説のスケーターたちも、よく事前準備をしていますので、安心して耳を傾けましょう。

## ✳ 画面の文字情報に注目

演技が始まる直前、選手がリンクに出てポーズをとるかとらないかのあたりで、画面に「選手名」「国名」「年齢」「プログラムの曲名」などが出てきます。P9でも触れましたが、シニアの大会で15～16歳の選手が出ていたら、その選手は同年代のなかでかなり上手だと想像できます。

### ● 技術点カウンター

もっとも気になるのは、演技が始まると出てきて、得点やさまざまな情報が随時更新される「技術点カウンター」ではないでしょうか。フィギュアスケートをよりきちんと見たい人にはとても便利なものです。

テレビ局の表示方法によって多少違いはあるかもしれませんが、「技術点カウンター」は、基本的には下図のような形になっていて、「技術点」についてのさまざまな情報を、演技の経過に合わせて更新しています（「演技構成点」の5項目は、演技終了後に採点するので、演技中には出せないため）。これはテレビ局が独自にカウントしているものではなく、審判員たちがその場で出しているものそのものです。

### ● 技術点カウンターの見方

選手が1つエレメンツを見せると、数秒後にその情報が更新されます。例えば、4回転サルコウを跳んだとき、エレメンツ名「4サルコウ」と「基礎点」、ジャッジがそのときに出した「出来栄え（GOE）」

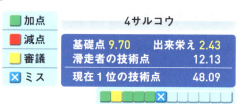

が表示されます（スピンとステップシークエンスでは「レベル４」などとレベルも出ます）。

　また、「ここから演技後半」の表示が出たら、それ以降のジャンプの一部は「基礎点が１.１倍される」ということになります（P31参照）。

　「滑走者の技術点」の部分ではそこまでの演技で出された技術点の合計点（「Ｙ」とする）が表示され、「現在１位の技術点」ではその時点で暫定１位の選手の技術点（「Ｚ」とする）が表示されます。演技中には「Ｙ」と「Ｚ」を単純比較することはできません。というのは、「Ｚ」は最終得点ですが、「Ｙ」のほうは演技のその時点までで行ったエレメンツの技術点の合計なので、あくまでも途中経過の得点だからです。

## ● エレメンツのGOEなどの表示

　さらに１番下には、緑、黄色、赤の小さなマスが表示されます。このマスの数は、エレメンツ数に対応しており、ショートプログラムなら７個、フリーなら12個になります。プログラムの最初は無色ですが、１つエレメンツが行われるたびに、色がつく仕組みです。

　このマスは各エレメンツのGOEなどを表しています。緑は「加点（GOE＋）」、黄色は「審議」、赤は「減点（GOE－）」です。黄色（審議）のついたエレメンツは、演技終了後すぐにテクニカルパネル（技術パネル）がリプレイ映像で確認して採点を固め、最終的な点数を出します。

　ですので、演技中に出ている「GOE」などはすべて目安の数字です。このように、演技中にも演技後にも認定したものを修正するので、一度出た数字も少し変わるものだということを知っておきましょう。

## ● マスの色から判断できること

　試合では、ジャンプが回転不足になったり、スピンの回転数が少なくなったり、ステップシークエンスのエッジが甘くなったりすることもあります。すべてをクリーンに滑るのはなかなか難しいものです。

　このマスで緑色（加点）続くと、「この選手はクリーンなエレメンツを見せることが多くてすごい」と伝わりますし、黄色や赤が続くと、「今回は不調なのか、もしくはジャンプの回転不足やエッジエラーなどをしがちな選手なのかな」ということがわかります。

# リカバリー

## ✳ 事前に構成表を提出する

　選手たちは試合の本番前に、ショートプログラムでもフリーでも、予定の構成表を提出しています。

　テクニカルパネル（技術パネル）やジャッジ、メディアなどは、これを1つの目安として演技を見ています。とはいえ、本番でこの通りに演じないといけないというわけではなく、あくまでも目安です。例えば、コンビネーションジャンプを跳ぶ予定だったのに、ジャンプ1つだけでコンビネーションにできなかったとき、急遽、残りの単独ジャンプをコンビネーションにするということも可能です。演技中の突発的なことなので、構成の変更を申告しませんし、採点は実際に披露されたエレメンツや演技に対してされます。

## ✳ リカバリーとは

　演技中の突発的なミス（予定していたジャンプを跳べなかったケースがほとんど）によって、予定より下がってしまった点数を、ほかのエレメンツで少しでも取り戻すことを「リカバリー」と呼びます。もともとのジャンプ構成を知らなければ、リカバリーに成功したプログラムはまったくミスしていない演技に見えます。

　ただ、ジャンプのルールはとても細かいもの。決められたジャンプの数やコンビネーションジャンプの数、ザヤック・ルール（P100参照）などすべてクリアした形でないと、リカバリーしたつもりでいても労力ほどの点数を得られなかった、ということにもなりかねません。

　とはいえ、リカバリーについて、イスに座って考えているときは冷静に判断できますが、試合の本番で滑りながら残りのジャンプ構成を検討してトライするのは、並大抵のことではありません。リカバリーに成功している選手は、試合前に、ミスした場合に備えていくつものリカバリーパターンを考えておき、それができるように練習しているケースがほとんどです。逆にいうと、そのくらい準備していないと、本番でリカバリーに成功するのは難しいということなのです。そしてそれ以前に、さまざまなコンビネーションジャンプを跳べなければ、リカバリーはできません。リカバリーできるということは、多くの種類のコンビネーションジャンプが跳べて、事前に十分な準備をした上で、演技中に冷静に対応できるだけの選手だということです。

第3章 スケートの気になることを解消

## ● リカバリー例

| 予定 |
|---|
| ① 4T |
| ② 3A+2T |
| ③ 3Lz+3T |
| ④ 3Lo |
| ⑤ 3A |
| ⑥ 3F+1Eu+3S |
| ⑦ 3Lz |

| 実際 |
|---|
| ① 4T |
| ② 3A+2T |
| ③ 3Lz　 |
| ④ 3Lo |
| ⑤ 3A |
| ⑥ 3F+1Eu+3S |
| ⑦ 3Lz +3T |

③で「+3T」を跳べなかったため、⑦に「3T」を追加。

　この例では、「実際」のほうで、最後の「3Lz」の後に「3T」をつけていますが、④や⑤の後につけても可です。また、コンビネーションジャンプとして、2つ目のジャンプに「3T」をつけるより「2T」のほうがやさしいため、④⑤⑦のいずれかに「2T」をつけてコンビネーションジャンプにすることもできます。この場合も「リカバリー」といいます。

## ● 羽生選手のリカバリー

　リカバリーしたことによって、もともと予定していた得点よりも高い点になるケースもあります。なかでも圧巻だったのは、2017年の四大陸選手権フリーで羽生結弦選手が見せたリカバリーです。通常、リカバリーは1つしかしないものですが、彼は3つのリカバリーを見せたのです。このリカバリーパターンは想定していなかったため、滑りながら考えたものだそうです。すべてが驚異的でした。結果、基礎点の合計は5.67点上がりました。

**羽生結弦選手の2017年四大陸選手権フリーのリカバリー**

| 予定 | | |
|---|---|---|
| ① 4Lo | | 12.00 |
| ② 4S | | 10.50 |
| ③ 3F | | 5.30 |
| ④ 4S+3T | × | 16.28 |
| ⑤ 4T | × | 11.33 |
| ⑥ 3A+2T | × | 10.78 |
| ⑦ 3A+1Lo+3S | × | 14.74 |
| ⑧ 3Lz | × | 6.60 |
| | 計 | 87.53 |

| 実際 | | |
|---|---|---|
| ① 4Lo | | 12.00 |
| ② 4S | | 10.50 |
| ③ 3F ④でジャンプミス | | 5.30 |
| ④ 2S+1Lo | × | 1.98 |
| ⑤ 4T | × | 11.33 |
| ⑥ 3A+ 3T | × | 14.08 |
| ⑦ 4T+2T | × | 12.76 |
| ⑧ 3A | × | 9.35 |
| | 計 | 93.20 |

④では「2T」の代わりに、④で跳ぶはずだった「3T」にした
⑦では予定の「3A」よりむずかしい「4T」を跳び、セカンドジャンプで「3T」にするとザヤックルールにひっかかるため「2T」にした
⑧では予定通り「3Lz」でも可能だったが、「3A」も可能だと気づいて、「3Lz」よりむずかしい「3A」にした

※2017年当時のルールでは、ジャンプは8つで、プログラムの後半に跳んだジャンプはすべて基礎点が1.1倍されていた。

97

# 女子選手の4回転や
# トリプルアクセル

## ✳ 公認大会で成功したら「史上初」の称号

　男子シングルの公式戦では、4回転トウループ、サルコウ、ループ、フリップ、ルッツまで成功させた選手がいます。女子シングルでは、トリプルアクセルも世界で9人しか公認されていません。4回転については、トウループ、サルコウ、ルッツはすでに公式戦で成功した選手がいますが、いずれも数人レベルの話です（2019年8月現在）。

　また、フィギュアスケートで「史上初めてジャンプに成功した」という場合は、国際スケート連盟公認大会での成功を指します。そのため、練習で何度も成功したり、各国内の大会、例えば全日本選手権などで決めたりしても、「史上初の選手」にはなれないのです。

| 女子シングルでのトリプルアクセル成功者 | 成功させた年 |
| --- | --- |
| 伊藤みどり | 1989年 |
| トーニャ・ハーディング（アメリカ） | 1991年 |
| 中野友加里 | 2002年 |
| リュドミラ・ネリディナ（ロシア） | 2002年 |
| 浅田真央 | 2005年 |
| エリザベータ・トゥクタミシェワ（ロシア） | 2015年 |
| 紀平梨花 | 2016年 |
| 長洲未来（アメリカ） | 2017年 |
| アリサ・リウ（アメリカ） | 2018年 |

## ● 高難度ジャンプ時代の到来

　2019-20シーズンは、女子シングルでの高難度ジャンプ時代の本格スタートの年になりそうです。これは、2018-19シーズンにシニアに上がるやいなや、グランプリファイナル優勝などで一躍世界トップ選手となった紀平梨花選手の活躍が、1つの契機になっているともいえるでしょう。実際に8月下旬のJr.GP第2戦アメリカ大会で、アリサ・リウ選手が1つのプログラムで4回転ルッツとトリプルアクセルに成功しています。

　2018-19シーズンの紀平選手は、ショートプログラムで1つ、フリーで2つのトリプルアクセルを入れるジャンプ構成で試合に臨みました。現在は4回転の練習に力を入れていて、フリーに4回転とトリプルアクセル2つを入れる構成を考えているようです。

　そんな紀平選手の存在によって、ほかの選手たちが「私もトリプルアクセルを跳ぼう」という気持ちを強くしています。すでに練習ではトリプルアクセルに成功している女子選手は多くいますが、2022年の北京オリンピックでクリーンなトリプルアクセルを決めるためにも、2シーズン前の2019-20シーズンから試合で挑戦する選手が増えそうです。

第**3**章 スケートの気になることを解消

## ● 4回転ジャンプを跳ぶ若手選手たち

「女子高難度ジャンプ時代到来」には、もう1つの理由があります。ジュニアからシニアに上がってくるロシアの女子選手たちが、4回転やトリプルアクセルを武器に持っているからです。アレクサンドラ・トゥルソワ選手（2004年6月23日生まれ）、アンナ・シェルバコワ選手（2004年3月28日生まれ）は4回転を跳んでいて、2019年7月1日時点で15歳です。さらに前述のアリサ・リウ選手は14歳です。

今の彼女たちはまだ少女の体型です。女性らしいスタイルになるにしたがい、ジャンプが跳べなくなったり、身体のバランスがわからなくなったりする選手も多いのですが、彼女たちはこれからその変化に臨むことになります。もう少し時間が経ったときに、彼女たちの4回転がどうなっているのかはわかりません。

## ● 10代前半にジャンプの感覚をつかむ

ただ、女子選手がトリプルアクセルや4回転などを習得するためには、少女時代の身体が軽いうちにある程度、形にしておくことが大切だともいいます。大人のスタイルになってから練習を始めても跳べる選手が稀にいますが、大多数は10代前半のうちに跳んでいます。

その後に体型が変化し、ジャンプが狂ってしまっても、少女時代に高難度ジャンプを跳べている場合には、身体が覚えているので、身体バランスが落ち着いた後、また跳べるようになるものだそうです。

彼女たちが体型変化後にしばらく、ジャンプに苦しむ時期を過ごしたとしても、また高難度ジャンプを跳べる日がやってくる可能性は低くないのです。さらにそれがフィギュアスケートでもっとも重要な大会であるオリンピック、2022年の北京大会までにクリアされるとすれば、ほかの選手たちも高難度ジャンプに挑戦しないわけにはいかなくなってきます。

### Column

### 回転不足の基礎点を調整

2019-20シーズンのルール改正では、回転不足（1/2 ～ 1/4回転足りない）ジャンプの基礎点が、元の基礎点の75％から80％となりました。ただしこれは、高難度ジャンプを後押しするということよりは、2018-19シーズンのルール変更で、回転不足に関して少し厳しくしたものを調整したものだそうです。

# いい演技だと思ったのに点数が低い!?

## ✳ 「ダウングレード」と「ザヤック・ルール」

ジャンプの転倒がなく、コンビネーションジャンプも3回入れて、全体的な動きもいい、演技後の選手もやり切ったような表情をしている。なのに、得点が意外に伸びない、キス・アンド・クライに座っている選手の表情もみるみる曇っていく……。フィギュアスケートを見ていると、時々、そんな光景を目にすることがあります。こうしたことが起こるのには2つのケースがあります。

### ● [ケース①] ジャンプがダウングレードされた

1つ目のケースは、ジャンプを跳んではいるけれど、クリーンな着氷ではなかったと評価されている場合です。例えば、4回転トウループを跳んだつもりだったけれど、その着氷が1/2回転以上足りなかった。こうしたときには4回転と認定されないため、基礎点は3回転トウループのものになります（ダウングレード）。

そうなると4回転トウループ（基礎点9.50点）のつもりが、3回転トウループ（4.20点）となって5.30点も下がります。5点の損失は相当に大きいですし、さらに着氷時にバランスをくずしたりしている場合には、GOEがマイナスになるためよりそこからさらに得点が低くなります。ほかのジャンプでもダウングレードや回転不足などがあったりすると、さらに予定よりも下がってしまいます。

### ● [ケース②] ザヤック・ルール（ジャンプの跳びすぎ違反）

もう1つのケースは「ザヤック・ルール」に引っかかった場合。パッと見た感じでは、すばらしいジャンプをたくさん跳んで、それらすべてがクリーンなのに点数が低いというもの。こちらのほうが、より選手の精神的ダメージは大きいかもしれません。

「ザヤック・ルール」とは、同一ジャンプを何度も跳ぶことを制限するルールの通称で、「ジャンプの跳びすぎ違反」といわれることもあります。1982年の世界選手権で優勝した女子シングルのエレイン・ザヤックが、フリーで6つ跳んだ3回転ジャンプの内訳は、4つがトウループで2つがサルコウと、特定のジャンプばかりを跳んだことからこの名がつけられました。

その後、偏りのないジャンプ構成のためにこのルールができ、現在では「同じ種類の3回転以上のジャンプは2度まで」「2度跳べる3回転ジャンプは2種類まで」とされています。

第 3 章 スケートの気になることを解消

　さらに2018-19シーズンからは「2回跳べる4回転ジャンプは1種類まで」というルールも追加されました。このルールは、ジャンプを確実に見分けられ、ジャンプに関するルールを熟知していないとなかなか気づけないものなので、「これ、跳びすぎじゃない？」と気づけたら、フィギュアスケート観戦上級者です。

**ザヤック・ルールに引っかかった場合の例①**

## （「同じ種類の3回転以上のジャンプは2度まで」に抵触）

| 予定 |
|---|
| ① 4T+3T |
| ② 3A+3T |
| ③ 3Lz |
| ④ 3F+2T |
| ⑤ 3Lo |
| ⑥ 3S |
| ⑦ 3A |

| 実際の演技 |
|---|
| ① 3T + 3T |
| ② 3A+ 3T |
| ③ 3Lz |
| ④ 3F+2T |
| ⑤ 3Lo |
| ⑥ 3S |
| ⑦ 3A |

選手は「4T」を跳んだつもりだったが、回転が1/2回転以上足りてなかったため「3T」とされる。

選手は①の1つ目のジャンプを「4T」だと思っているため、②で「3T」と跳んだ。だが実際には①の1つ目は「3T」とされたため、②の「3T」は、「同じ種類の3回転以上のジャンプは2度まで」というルールに引っかかり、無効（0点）となる。

**ザヤック・ルールに引っかかった場合の例②**

## （「2度跳べる3回転ジャンプは2種類まで」に抵触）

| 予定 |
|---|
| ① 4T+3T |
| ② 3A+3T |
| ③ 3Lz |
| ④ 3F+2T |
| ⑤ 3Lo |
| ⑥ 3S |
| ⑦ 3A |

| 実際の演技 |
|---|
| ① 4T+ 3T |
| ② 3A + 3T |
| ③ 3Lz |
| ④ 3F +1Eu+3S |
| ⑤ 3A |
| ⑥ 3Lo |
| ⑦ 3F |

「3T」「3A」「3F」をそれぞれ2度ずつ跳んでいるため、「2度跳べる3回転ジャンプは2つまで」というルールに引っかかり、⑦の「3F」が無効（0点）となる。

101

# 転んだ選手のほうが高得点!?

## ✻ 転倒は大きく減点されるようになった

　P100とは反対のケースになりますが、演技中に転んでいた選手が、転ばずにミスもないように見えた選手よりも高得点になるケースがあります。「転んだのになんで点数が高いの？」と思ったことのある人もいるかもしれません。

　実はこのケースは、2018-19シーズンの大幅なルール変更により、あまり見られなくなりました。ジャンプの基礎点が下げられて、GOE（転倒の場合はGOE－5）で引かれる点数が増えたため、転倒したジャンプの得点が、以前よりもかなり低く抑えられることになったからです。

　ルール変更前までは、転倒しても回転数を回り切っていれば基礎点（現在より高い）をもらえていたため、転倒による得点の損失が現在ほどはありませんでした。そのため、激しく転倒したのに、その印象に比べて高得点が出ているように感じることがあったのです。

4回転ルッツでの転倒の場合（きちんと4回転を回りきってから転倒した場合の得点）

|  | 基礎点 | GOE | 得点 | （それに加えて）転倒による減点 |
| --- | --- | --- | --- | --- |
| 2018-19〜 | 11.50点 | -5 (-5.75点) | 5.75点 | -1点 |
| 以前<br>（2018-19より前） | 13.60点 | -3 (-4.00点) | 9.60点 | -1点 |

第3章　スケートの気になることを解消

# 4回転を入れるより、
# 3回転だけのほうが高得点!?

## ✳ エレメンツの質の高さが評価につながる

　2019年、さいたまでの世界選手権の男子シングルのショートプログラムでは、4回転を1～2つ組み込んだ選手が大多数のなかで、3回転だけで演技したジェイソン・ブラウン選手（アメリカ）が2位となりました。「4回転を跳んでいないのに？」と思われるかもしれませんが、フィギュアスケートを長く見ている人たちからすると納得する結果でした。

　それは、彼の演技の1つひとつのエレメンツの質が高いこと（GOEは、プラスの高い評価）と、エレメンツ以外の滑り自体や音楽の解釈など、演技構成点で採点される部分が軒並み高く評価される演技だったからです。さらにこのときは、ミスのために得点を伸ばし切れなかった選手が多かったことも、彼を上位に押し上げることにつながりました。

　質の高いエレメンツは、高く評価されます。それがよくわかるのが、ジャンプの得点です。例えば、質のよくない4回転ルッツと、質の高い3回転ルッツでは、以下のような得点になります。

| | 基礎点 | GOE | | | | | |
|---|---|---|---|---|---|---|---|
| | | -5 | -4 | -3 | +3 | +4 | +5 |
| 4回転ルッツ | 11.50点 | -5.75<br>5.75点 | -4.60<br>6.90点 | -3.45<br>8.05点 | | | |
| 3回転ルッツ | 5.90点 | | | | +1.77<br>7.67点 | +2.36<br>8.26点 | +2.95<br>8.85点 |

　4回転ルッツでGOE-5の場合は、そのジャンプの得点は5.75点です。対して、3回転ルッツの場合は、GOE+3でも7.67点となり、前出の点数を上回ります。ましてや、3回転ルッツでGOE+5になると、8.85点。このあたりの点数を見て、どのジャンプを組み込むのか、選手たちは戦略を練って試合に臨んでいます。

# ペアとアイスダンス

## ❋ 国によって人気カテゴリーは異なる

　ここまでは男女シングルにしぼった内容でしたが、フィギュアスケートには4つのカテゴリーがあって、4つとも同じ重要度で存在しています。日本では練習環境がままならないことなどから、ペアとアイスダンスはまだ盛んではありませんが、中国ではペアが高い人気を誇っていますし、ヨーロッパではアイスダンスの人気がとても高くなっています。

　地上波ではなかなかテレビ放送のないペアとアイスダンスですが、エキシビションでは、上位のペアやアイスダンスカップルを見かけますし、実際の試合会場やCS放送の「J SPORTS」などではシングルと同じようにペアとアイスダンスを見ることができます。

### ● ペアとアイスダンスの違い

　どちらも男女1人ずつが1組となっているペアとアイスダンス。区別がつきにくそうな気がしますが、実は見分け方は容易です。大きな違いは、ペアにはジャンプがあるけれど、アイスダンスにはない、ということです。

　また、どちらにも男性が女性を持ち上げる「リフト」があるのですが、ペアのほうは男性の肩より上のほうまで持ち上げられるけれど、アイスダンスは男性の肩より上に手を使って女性を持ち上げてはいけないと決められています。

　シングルと同じように、どちらも試合のたびに2つプログラムを滑ります。ペアはシングルと同じ名称のショートプログラムとフリースケーティング、アイスダンスはリズムダンスとフリーダンスとなります。

ペアとアイスダンスのエレメンツ

| ペア | アイスダンス |
|---|---|
| ショートプログラム | リズムダンス |
| 2分40秒±10秒 | 2分50秒±10秒 |
| ・ソロジャンプ 1つ<br>・スロージャンプ 1つ<br>・リフト 1つ<br>・ツイストリフト 1つ<br>・ソロスピンコンビネーション 1つ<br>・デススパイラル 1つ<br>・ステップシークエンス 1つ | ・パターンダンス セクション1 1つ<br>・パターンダンス セクション2 1つ<br>・ショートリフト 1つ<br>・ステップシークエンス 1つ<br>・シークエンシャルツイズル 1つ |

第3章 スケートの気になることを解消

| ペア<br>フリースケーティング<br>4分±10秒 | アイスダンス<br>フリーダンス<br>4分±10秒 |
|---|---|
| ・ソロジャンプ 1つ<br>・コンビネーションジャンプ（またはシークエンス）1つ<br>・スロージャンプ 2つ<br>・リフト 3つ<br>・ツイストリフト 1つ<br>・ペアスピンコンビネーション 1つ<br>・デススパイラル 1つ<br>・コレオグラフィックシークエンス 1つ | ・ダンスリフト 2〜3つ<br>・ダンススピン 1つ<br>・ステップシークエンス 2つ<br>・シンクロナイズドツイズル 1つ<br>・コレオグラフィックエレメンツ 3つ |

## ● ペアのエレメンツ

　ペアの醍醐味は、演技のダイナミックさと、2人が一体になっているか、というところです。男性に投げられた勢いのまま回転してきれいに着氷する「スロージャンプ」や、男性の頭上高くに投げられると同時に女性が空中で3回転ほど回る「ツイストリフト」など、ペアにはアクロバティックなエレメンツが多いのが特徴です。また、男女それぞれが並んでジャンプ（ソロジャンプ）したりスピン（ソロスピン）したりするエレメンツもあるのですが、その際には、2人が一糸乱れぬ動きをするのが美しいとされています。

## ● アイスダンスの「パターンダンス」

　アイスダンスのリズムダンスには、「パターンダンス」のパートが2か所あります。「パターンダンス」とは、シーズンごとに決められたリズムやテンポの音楽を使って、決められたステップパターンを滑るもので、どのアイスダンスカップルも同じリズムやテンポの曲（曲は自由）を使います。例えば、2019-20シーズンのパターンダンスは、「ミュージカル及びオペレッタからの音楽」を使って、「フィンステップ」というステップ軌道の課題の通りに滑る、と決められています。

　「パターンダンス」では、どの組もまったく同じ軌道や身体の動きで滑っていきます。そのため、数組見ていると、「これがパターンダンスかな？」とぼんやりとわかってきます。次第に「さっきの組はこの部分でもっとスムーズだった」とか、「この組はなんだか動きがぎこちない気がする」など、同じ動きをする部分だからこそ、カップルごとの違いや優劣などが際立ちます。

　また、アイスダンスでは、シングルやペア以上に美しかったり奇抜だったりと、見ごたえのあるコスチュームも魅力の1つです。

105

*Takahiko Kozuka*

選手目線から
教える楽しみ方

## 小塚崇彦 流
# フィギュア観戦術

本書の監修をご担当いただいた、
小塚崇彦氏。
フィギュアスケートの競技を
観戦する際に、元競技者である彼は、
どんなところに
注目しているのだろうか。

——フィギュアスケートの試合をご覧になられる際、どんなところに注目されていますか?

まず競技が始まる前ですが、選手の目を見ています。

——眼差し、ですか?

眼差しというよりは「目」そのものですね。その選手がどのくらい集中できているかは、目を見るとわかるんです。集中しているときの目って、すごくいい「眼」をしているんですよ。

あとは、コーチとどんな交流をしているか、ですね。

——でも、会話内容まではわかりませんよね? 表情を見ていたりするんですか?

いや、コーチのところに近寄らないようにしているな、とか(笑)。逆に、コーチに頼っているんだなということも見えてきます。

——では滑走が始まってからは、どんなところに注目されますか?

僕は全体の「流れ」を見ています。細かいところを予想しながら見るのも面白いとは思うんですけど。

——具体的に「流れ」と言いますと?

具体的には途切れのない演技をしているかを見たりしていますが、やはりプログラム全体を通して1つの作品だと思っているので、部分部分よりも全体的なところを俯瞰して観ています。

——では、滑走後のキス・アンド・クライに座っている選手に対しては、どんなところをご覧になられているんですか?

キス・アンド・クライではかなりおしゃべりになる選手が多いんですよ。あれがよかった、あれができなかった、とか。コーチと反省会をしている選手が目立ちます。

このときも実際の会話が聞こえてくるわけではないですが、予定通り上手くいったのか、部分的には失敗したのかなど、選手の表情やしぐさなどを見ていると、伝わってくるものもありますから。

それに、先に演技を見たうえでキス・アンド・クライでのやりとりを見ているので、演技で成功したか失敗したかを知ったうえで見ていると、結構わかりますよ。

その選手にとって、納得のいく演技だったかどうかという自己評価は、やはり表情に現れますから。

あ、そういえば。

——そう言えば?

ジャパンジャージ(シーズンオフィシャルウェア)をちゃんと着てるな、とかいうところもチェックしてます。

——どういうことですか?

キス・アンド・クライではジャパンジャージを着ることが、日本スケート連盟から義務付けられているんですよ。着ないでキス・アンド・クライに座っていると、後から怒られます(笑)。スポンサーロゴも付いてるかな、とか。

——ロゴは取り外しできるんですか?

練習の時はロゴを外さなくてはいけないので、実際の競技後にジャパンジャージを着たらスポンサーロゴが上下逆に付

いていたり、付けるのを忘れていたりする選手を見ると、「後で怒られるぞ…」って思っちゃいます（笑）。

## フィギュアスケートの採点について

**──小塚さんは現役時代、より高得点を得るためにどのようなことを注意されていましたか？**

さきほど途切れのないプログラムの流れ、というお話をさせて頂きましたが、そういうところなんです。

**──具体的には？**

同じジャンプを跳ぶにしても、ざーっと助走を付けてきてから跳ぶよりも、ステップやターンの後に跳ぶというようなことです。プログラムが濃密かどうかを意識していました。ジャンプは注目されやすいんですが、ジャンプだけではプログラムは語れません。もちろん、ジャンプは跳べているのは前提で、プラスアルファで点数を増やしていくためには、ジャンプの前にほかの行動を詰め込んでいき、自分に負荷をかけていくんです。

**──負荷をかけるといいますと？**

ジャンプをするときは集中したいんです。でも、ジャンプの前にステップを入れたうえでも、ジャンプがしっかり跳べるか。こういう部分が得点評価になるんです。

## テレビ中継でのスケート観戦

**──小塚さんはテレビでもスケート観戦**

をされますか？

テレビ中継を見ていると、選手がいつもアップで映されているので、スピード感がわかりづらいんですよ。実際に会場で見たらあまりスピードが出ておらず、迫力がなかったという理由で減点されることもあります。ですから、自分の評価と、ジャッジが下した点数とでズレが出ることもあります。

**──滑走速度も評価に含まれるんですか？**

速度自体というよりは、スケーティングの伸びなど、感覚的な部分ですね。あとは、リンクの端まで使ってよく動いているなとか、休憩しているなというようなこともわかります。これは、テレビを通じてだと伝わりづらい部分です。

**──休憩しているんですか（笑）？**

ステップしないで普通に滑走をしながら、息を整えたりしている選手もいますよ。ジャッジから見た印象もあまりよくはありませんから、点数も伸びません。

**──観戦している選手が転倒した場合など、かつて競技をしていた者として感情移入したりすることはありますか？**

感情移入することもありますが、解説などをしているときには感情移入している場合じゃありませんからね。でも、感情移入というよりは、演技を見ているうちにどんどん引き込まれていく、すばらしい演技を見れば感動もします。おそらく、普通にテレビの前で観戦されている方と、それほど変わらない感覚で見ていますよ。

転倒したら失格になる競技もありますよね。そういう意味ではフィギュアスケートは優しいですよ（笑）。フィギュアスケートは何度転倒しても、自分からレフリーのところへ行って「棄権します」って自己申請しない限りは競技を続行できますから。フィギュアスケートが転倒で滑走が終了するルールだったら、試合もすごく早く終わるでしょうけど、その一方で難度の高いジャンプは控えるようになるでしょうね。どの選手も無難に済ませようとするので、競技がつまらなくなりそうですね（笑）。

──小塚さんは現役時代、ルールのどんなところに注意されていましたか？

高得点を得るためにはルールを知らなくてはいけません。僕はルール的なミスをしたことは現役時代、一度もないはずです。

──フィギュアスケートのルールは少しずつ変わっていきますが、それにも対応する必要がありますしね。

2003-04シーズンまでは6.0満点の採点方式で、とにかく難度の高いジャンプを跳べば勝てていたんですよ。ですが2004-05シーズンに大きくルールが変更されたんです。当時、シットスピンをインサイドで回ったら点数が高くなるというルールが追加されたんですよ。でも僕は小さい頃から「シットスピンはインサイドで回るものではない」と教えられて育ったのに、それをやったら点数が上がるようになったわけです。でも、僕は

新ルールに対応するより、スピンのスピードを上げたほうが得点を取れるんじゃないかと考えたんです。でも、ほかの選手を見ているとシットスピンをインサイドで回った選手はレベルを取っていって、点数が上がっていったということに気づいたんです。僕はこの翌年、自分のプライドをへし折って、1つひとつルールにしたがった滑り方に変えました。そうしたらやはり、点数が伸びたんですよね（笑）。

──ルールを解釈するのも難しそうですね。

自分だけではわからないこともありますから、コーチに相談したり、ジャッジをしている方に相談したりもしました。そして、点数が取れるもののなかから自分にできるものをパズルのように組み合わせてプログラムを組み立てていきました。

## フィギュア観戦者へのメッセージ

フィギュアスケートは採点のルールが複雑なので、学ぶのが大変だと思います。あまりルールを意識し過ぎてしまうと、今度は個々のジャンプなどしか見えなくなってしまうんですよ。でも、フィギュアスケートは「流れ」を見ていただきたいので、ある程度までルールがわかってきたら、全体を俯瞰して見るようにしていただきたいです。この本を読んで知識を身につけ、フィギュアスケート観戦を、もっと楽しんでください。

# ✳ 索引

## 英字

GOE······22、46、49、53、62、65、95、102
I字スピン······55

## あ

アイスショー······18、79
アイスダンス······104
アクセル······28、30、32、40、98
アサイン······15、17
足換え······51、52
アップライトスピン······51、54
アンダーローテーション······42、44
衣装······88
衣装屋······89
イナ・バウアー······67、86
イベントレフリー······20、23
エキシビション······18、79
エッジケース······93
エッジジャンプ······36、41
エレメンツ······8、22、38、46、68、72、82、94、103、105
演技······15、71、90、94、100
演技構成点······8、22、70、72、82、89、94
オイラー······29、38
オーバーターン······42
お手つき······42
オリンピック······9、10、12、15、16
音楽の解釈······71、82、89

## か

回転不足······26、42、44、72
滑走順······90
技術点······8、68、72、94
技術点カウンター······94
キス・アンド・クライ······76、92
基礎点······26、31、38、40、44、46、48、52、62、64、72、94、99、102
キャッチフットスピン······61

## （右列）

キャノンボール······59
キャメルスピン······51、60
曲······18、80、86、89
くじ引き······17、90
国別対抗戦······11、14
クラスター······64
グランプリシリーズ······10、13、14、17、90
グランプリファイナル······10、13、14
クリムキン・イーグル······66
グループ······90
構成······30、71、82
構成表······96
コーチ······76、92
国際スケート連盟······26、81
コスチューム······88
小道具······18、79
コレオグラフィックシークエンス······62、64
コンビネーションジャンプ······28、30、38、96
コンビネーションスピン······51

## さ

ザヤック・ルール······96、100
サルコウ······28、36、39、41、46
シーズンオフ······19、80
シットスピン······51、58
シニア······9
ジャッジ······20、22、46、49、65、70、94
ジャンプシークエンス······29
ジュニア······9、10、17
正面······20
ショートプログラム······8、13、29、31、50、62、68、74、90
スケート技術······71
スコアシート······72
ステップアウト······42、49
ステップシークエンス······8、62、64
スピン······50、52

110

| | |
|---|---|
| スプレッド・イーグル | 66 |
| スロージャンプ | 105 |
| 世界選手権 | 10、12、16、27 |
| 世界ランキング | 90 |
| 全日本選手権 | 10、12、17、27 |

## た

| | |
|---|---|
| ダウングレード | 42、44、100 |
| 着氷 | 42、44、49、100 |
| チャレンジャーシリーズ | 14 |
| ツイストリフト | 105 |
| ツイズル | 64 |
| 出来栄え点 | 46 |
| テクニカルパネル | 20、23、95、96 |
| テレビ観戦 | 94 |
| 転倒 | 42、49、53、65、102 |
| トウジャンプ | 36、41 |
| トウステップ | 63 |
| トウループ | 28、37、39、41、46、48 |
| ドーナツスピン | 61 |
| トリプルアクセル | 32、98 |
| ドロー | 90 |

## な

| | |
|---|---|
| 年齢制限 | 9 |
| ノービス | 9 |

## は

| | |
|---|---|
| パーソナルベスト | 74 |
| ハイドロ・ブレーディング | 67 |
| 派遣基準 | 27 |
| パターンダンス | 105 |
| バックスクラッチスピン | 54 |
| ビールマンスピン | 57 |
| フットワーク | 63 |
| ブラケット | 64 |

| | |
|---|---|
| フリー | 8、13、29、31、50、62、68、74、90 |
| フリーダンス | 104 |
| フリーレッグ | 55、57、58、59、60、61、67 |
| 振付け | 82、84 |
| 振付師 | 82、84、86、93 |
| フリップ | 28、33、34、39、40、46、49 |
| ブレード | 35 |
| プログラム | 78、80、82、84、86 |
| プロスケーター | 18 |
| プロトコル | 44、72 |
| ペア | 104 |

## ま

| | |
|---|---|
| モホーク | 63 |

## や

| | |
|---|---|
| 要素のつなぎ | 71 |
| ヨーロッパ選手権 | 10、12 |
| 四大陸選手権 | 10、12、14 |

## ら

| | |
|---|---|
| リカバリー | 96 |
| リズムダンス | 104 |
| ループ | 28、35、39、46、64 |
| ルール変更 | 26、102 |
| ルッツ | 28、33、34、39、40、41、46、49 |
| レイバックスピン | 51、56 |
| レベル | 52、64 |
| レベル判定 | 52、64 |
| ロッカー | 64 |

## わ

| | |
|---|---|
| 枠取り | 16 |

111

# フィギュアスケート
# 観戦ガイド
テレビ観戦で気になったところがすべてわかる

2019年10月30日　初版第一刷発行

| | |
|---|---|
| 監修 | 小塚崇彦 |
| 発行者 | 滝口直樹 |
| 発行所 | 株式会社マイナビ出版 |
| | 〒101-0003 |
| | 東京都千代田区一ツ橋2-6-3 一ツ橋ビル2F |
| | TEL 0480-38-6872（注文専用ダイヤル） |
| | 　　　03-3556-2731（販売部） |
| | 　　　03-3556-2735（編集部） |
| | e-mail　pc-books@mynavi.jp |
| | URL　　http://book.mynavi.jp/ |
| 企画・編集 | 岩井浩之（株式会社マイナビ出版） |
| 編集 | 三上慎之介（有限会社ヴュー企画） |
| ライター | 長谷川仁美 |
| イラスト | 一ノ瀬ゆま（カバー／扉） |
| | チカーノ（技解説） |
| デザイン | 髙橋奈央、日笠榛佳、平松剛 |
| | （アイル企画／i'll Products） |
| 印刷・製本 | 株式会社大丸グラフィックス |

［注意事項］
・本書のうち一部または全部について個人で使用するほかは、著作権法上、著
　作者および（株）マイナビ出版の承諾を得ずに無断で複写、複製することは禁
　じられております。
・本書についてのご質問などございましたら、上記メールアドレスにお問い合わせ
　ください。インターネット環境のない方は、往復葉書または返信用切手、返信用
　封筒を同封の上、（株）マイナビ出版編集第2部書籍編集1課までお送りくださ
　い。
・乱丁・落丁についてのお問い合わせは、TEL:0480-38-6872（注文専用ダイ
　ヤル）、電子メール:sas@mynavi.jpまでお願いいたします。

定価はカバーに記載しております。

(c)Mynavi Publishing Corporation
ISBN978-4-8399-7039-0
Printed in Japan